中央高校基本科研业务费专项资金资助

U0773082

城市学家启蒙
问题与课题

李玉峰　邱小石　孙晓鹏　著

中国建筑工业出版社

图书在版编目（CIP）数据

城市学家启蒙：问题与课题／李玉峰，邱小石，孙晓鹏著. —北京：中国建筑工业出版社，2020.12
（央美文丛）
ISBN 978-7-112-25478-1

Ⅰ．①城… Ⅱ．① 李…②邱…③孙… Ⅲ．①城市学－研究 Ⅳ．① C912.81

中国版本图书馆 CIP 数据核字（2020）第 184629 号

本书希望在城市学、经济学、社会学、艺术学、文化学等知识要素的启发下，通过对复杂多元的城市发展现象的局部或全局透视，以及由此衍生的学术思考和问题提出，以"跨专业"视野和"复合型"思维，研讨未来城市发展所需的"大系统""新逻辑""可变性"等逻辑原则和工具模式，为中国城市规划教育和城市发展领域培养面向未来的"城市学家（Urbanist）"带来些许启蒙。本书适用于城市规划和城市设计专业人士，以及对城市建设关心的爱好者。

责任编辑：唐　旭
文字编辑：李东禧　孙　硕
责任校对：李欣慰

央美文丛
城市学家启蒙
问题与课题
李玉峰　邱小石　孙晓鹏　著

*

中国建筑工业出版社出版、发行（北京海淀三里河路9号）
各地新华书店、建筑书店经销
北京中科印刷有限公司印刷

*

开本：787毫米×1092毫米　1/16　印张：16¼　字数：292千字
2021年1月第一版　　2021年1月第一次印刷
定价：72.00元
ISBN 978-7-112-25478-1
（36472）

问题与课题

◎ 李玉峰

世界的专家

自古以来，在人类多样态的发展动机趋势下，不同领域孕育出不同类型的思维模式、知识体系和以此为业的专家，哲学家（Philosopher）、艺术家（Artist）、政治家（Politician）、经济学家（Economist）、社会学家（Socialist）、生物学家（Biologist）、科学家（Scientist）、心理学家（Psychologist）……他们在思想创造、学术研究、知识探寻、技术革新和实践应用等领域的持续探索，为人类文明进步提供了深厚且持久的动力。

人类的城市

城市，是人类造就的最庞大、最复杂和最瞩目的杰作之一。

按照历史学家阿诺德·约瑟夫·汤因比（A.J.Toynbee）的观点，人类文明是一个不断"Etherealization"（灵妙化）的进步过程。作为与人类生存繁衍息息相关的重要载体，城市发展涉及政治学、经济学、社会学、环境学、文化学和科学等人类所构建的几乎绝大部分普世常识、专业知识和精妙智慧。

古今中外，不胜枚举的政治家、学者和民间智士从不同维度对城市发展提出了丰富多彩的真知学说，影响和引导了城市在世界不同区域、不同时代的持续发展。

中国的挑战

中国的城镇化成为人类城市发展史上最大规模、最具挑战也意义最重大的工程之一。在全球化和现代化背景下，近30年来的高速城市化发展，促进并提升了中国在经济、社会和科技等领域的成长态势，更阶段性实现了令世人瞩目的发展成就和国家自信。

值得注意的是，由于中国现代城市发展理论、战略价值体系、规划设计方法、综合评价管理、城市人才教育等系统工具的良莠不齐，甚至结构性缺失，为中国城镇化发展预埋了不可忽视的代际代价和潜在风险。

未来的人才

传统的城市规划、产业规划、交通规划、建筑设计、景观设计、政策规划等学科重点在"专业视野"和"专业知识"思维指导下培养城市人才的"专业能力"，这在一定程度上满足城市发展所需。事实证明，在单一和狭窄的专业思维和教学模式下培养的"专业人才"，难以应对和契合未来城市发展所呈现的复杂性。如何突破传统城市学教育的局限性，是未来城市人才培养的重点和难点。

"城市学家（Urbanist）"是 2003 年在英国求学期间，在《规划》（Planning）杂志中看到的一个新型城市人才概念，这个概念给我留下了深刻的印象。

而今，如何培养具有复合知识结构和多专业整合能力的"城市学家（Urbanist）"，满足未来城市发展之需，已受到全球城市规划教育的普遍关注。

学术的启蒙

透过现象发现问题，是学术活动的目的之一。问题导向下的学术课题规划是促进学术研究和人才培养的朴素方法。

本书希望在城市学、经济学、社会学、艺术学、文化学等跨专业视野，通过对复杂多元城市发展现象的局部或全局透视，衍生学术思考和提出问题，研讨未来城市发展所需的"目的性、系统性、逻辑性和应变性"等新思维原则，"城市学家启蒙"将以丛书形式陆续推出，包括《城市学家启蒙 工具与方法》（研讨城市综合管理工具模型）、《城市学家启蒙 遗传与遗产》（研讨世界遗产观念下的未来城市型态）、《城市学家启蒙 思想与理想》（研讨世界经典城市智慧的普世价值）、《城市学家启蒙 东方与西方》（研讨跨文化语境下的规划情商）、《城市学家启蒙 未知与未来》（研讨不确定性下的城市发展变数），为城市教育和城市发展领域培养面向未来的"城市学家（Urbanist）"带来些许启蒙。

伊曼努尔·康德（Immanuel Kant）曾经说："启蒙是一个时刻，人们利用自己的理性进行独自思考，而不臣服于任何权威。"

目录 III 前言

规划思维原则

目的性，系统性，逻辑性，应变性。

城市概念基因

自然

年轮

树木生长一年产生一个年轮，形成特殊排列的年周期环状轮圈。

文化

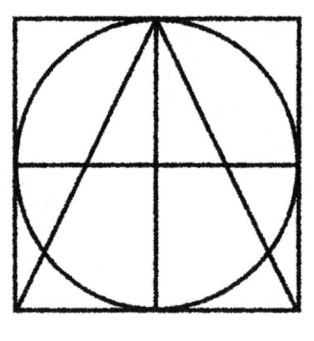

神圣几何

古希腊就开始以几何形状为符号，传递智慧的艺术，是亲密者或者行家里手之间的秘密语言。

城市

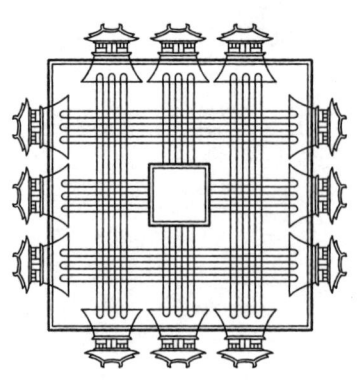

考工记

方九里，旁三门，国中九经九纬，经涂九轨，左祖右社，面朝后市，市朝一夫。

城市动机逻辑

城市

人类城市发展动机，大约经历了以下若干阶段：

从病理学、美学、功能、幻想、更新视野、纯理论、企业、生态以及再从病理学。

彼得·霍尔（Peter Hall，1932～2014，英国城市规划理论家）

近现代世界城市概念沿革

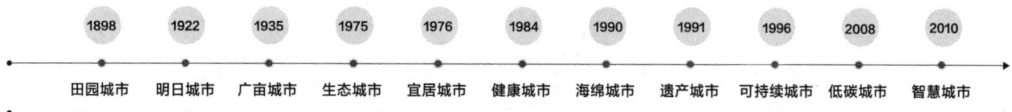

1898	1922	1935	1975	1976	1984	1990	1991	1996	2008	2010
田园城市	明日城市	广亩城市	生态城市	宜居城市	健康城市	海绵城市	遗产城市	可持续城市	低碳城市	智慧城市

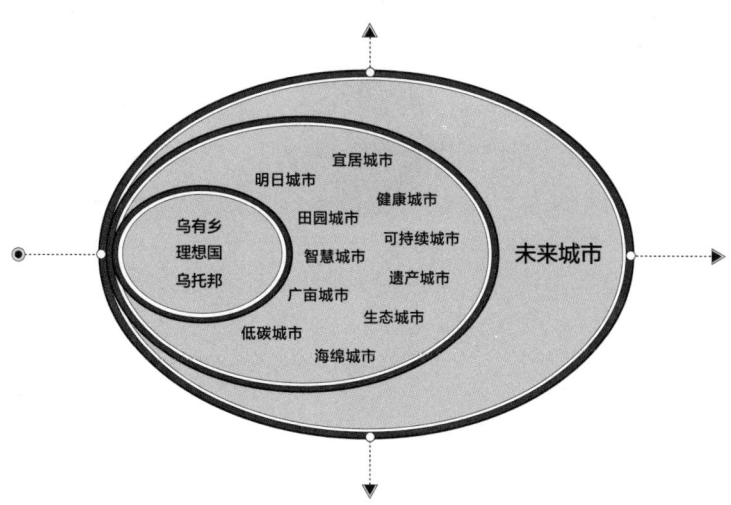

城市价值类型

非遗观念与文化内涵　生态持续与理性消费　观念融汇与社会重构　跨界逻辑与方法革新　田野场域与艺术契机
学术资源与应用糅合　岛式空间与场境涵养　政策弹性与发展变量　结构规划与结论推演　流域生态与补偿机制
植被精神与风格语言　山水美学与诗性栖居　科技效用与边际成本　方向阶层与方法序列　景区地价与弹性规划
竞技体育与城镇营销　农业增效与金融工具　资源聚集与效能聚变　色彩规划与四季识别　家庭农庄与乡村就业
曼荼罗型与空间衍变　观念农业与乡村市民　资源禀赋与资本增效　声音类型与空间情商　公园型态与赢利模式
符号外化与隐喻内生　产业活力与资源匹配　中心集约与资源均衡　气息设计与场所品味　民俗特色与城镇传播
生态介质与肌能共生　民俗节庆与城镇热点　观念宽容与族群自省　体系通感与观念革新　土地集约与人本城镇
农产营销与乡村物流　传媒创制与城镇营销　原生植被与生态视界　活态信息与知识酝酿　产业农民与社会权益
传统技艺与游学研修　人本主义与生态伦理　主　　　　　　　　　教研资源与乡镇动力　公共资源与私营机制
文化遗存与活化展演　山水格式与旅游产业　　　　　　　　　　　世界价值与地方招针　指标预判与趋势设计
经验模式与风水科学　风物流变与建筑　　　　　　　　　　　　　　　销与变数统筹　　　智慧集约与开放规划

文脉解构与文化建构
小区参与与农业模式
方志修新与正向能量
往圣宗祠与时贤精神
资源效用与评鉴工具
顶层规划与运势先导
农超联盟与系统建制
食品安全与农产自营
家庭农场与产业更新
农产定制与监管体系
滨水廊道与边界软化
生态文明与城镇指标
灰色服务与城镇活力
高级会馆与新贵标识
古典精神与现代范式
文化精魂与生机构造
标本城市与机制共性
弱势关怀与特种就业
产业效能与全维评估
街市性格与旗舰项目
空间特质与材料类型
观念教育与广义养生

空间类型与小区
场所气质与小区美学
文化景观与意境情态
灰色空间与边际功能
精致工业与城镇引擎
智力移民与动力先机
环境红利与生态涵养
民生基底与政策红线
生态伦理与产业边界
城乡共生与业态异化
文脉衍生与空间进化

东方风水与空间量化
速度常量与变频机制
战略赢利与资源规划
投资动机与利润规则
规划艺术与设计技术
政府智慧与职能内涵
艺术思维与技术创意

成与乡村院落
城镇地震与旗舰产业
资本变压与资信维护
发展导向与成长导向
城镇门户与场所营销
多元中心与价值共生
失败文化与观念教育
公私合作与制度弹性
主动技术与被动艺术
宗教文化与观念基质
国族识别与地方礼制

交通空间与功能复合
音乐气息与公共空间
城镇信息与阅读情景
流动艺术与城镇时尚
影像要素与全息场所
便民设施与效能整合
小区农场与微型经济
常量归纳与变量演绎
问题导向与课题驱动
具象思考与抽象观察
政治专业与政府职业
国际小区与文化混合
小区服务与多元赢利
知识更新与政府革新
广场文化与小区气候
流动艺术与乡村美育
边际教育与驻民培训
乡村小区与一元户籍
乡村工业与模式转换
产业选择与地缘城镇
经济地理与繁荣引擎
空间效能与就业供给

（图中：文化价值　经济价值　科学价值　社会价值　环境价值　政治价值　六大价值）

城市规划要素

化空间与商业价值　厚生初衷与社会维养　非遗观念与文化内涵　生态持续与理性消费　观念验汇与社会重构
生基质与源创契机　经济机能与代际成本　学术资源与应用裨合　岛式空间与场境涵养　政策弹性与发展变量
人智识与儿童教育　学术领先与战略要领　植被精神与风格语言　山水美学与诗性栖居　科技效用与边际成本
念创意与观念旅游　聚落型态与乡镇格局　竞技体育与城镇营销　农业增效与金融工具　资源聚集与效能聚变
源重构与价值衍生　绿色置换与中心集约　曼荼罗型与空间衍变　观念农业与乡村市民　资源禀赋与资本增效
态遗产与人文传承　廊道遗产与要素串连　符号外化与隐喻内生　产业活力与资源匹配　中心集约与资源均衡
感基因与视觉美学　无形遗产与有形载体　生态介质与肌能共生　民俗节庆与城镇热点　观念宽容与族群自省
系统建制与细节设计　变量预算与弹性规划　农产莱置与乡村物流　传媒创制与城镇营销　原生植被与生态视界
创文化与城镇内涵　标准先置与公共高置　　　　　　　　修　　主义与生态伦理　主题城镇与产业互动
庭办公与小区经济　优先原则与公共高置　　　　　　　　　　式与旅游产业　聚落模式与地缘资源
念返朴与全效节能　策略规划与理　　　　　　　　　　　变与建筑型态　传统消耗与进化替代
化迁徙与创意经济　要素　　　　　　　　　　　　　　信　系统优化与城镇转型
产公园与智慧山水　　　　　　　　　　　　　　　　　旅游　环境修复与养生小区
共空间与流动产业　观　　　　　　　　　　　　　　度　滨水界域与生态介质
区教育与边际智能　动机　　　　　　　　　　消　人文移植与亚文化圈
育常识与城镇时尚　　　　　　　　　　　　型与小区安全　公共交通与乡镇繁荣
术型态与生存修养　　　　　　　　　　　与小区美学　要素创新与乡域品牌
业移民与弹性小区　　　　　　　　　原　　　　　文化设施与幸福指数
势关怀与政策良知　　　　　　　　型与意境情态　终身教育与就业能力
性出行与规划动机　　　　　　　　　　气候变化与契机分化
野美学与乡村风情　物种共生与环　　　　　五觉感知与环境营造
术样态与公交场域　人文素养与职　　　　要素激励与创新驱动
典智慧与养生小区　宗教信仰与民族　　型　　　循环观念与基质共生
体农业与立交农场　文化守承与文化创生　古　　范式　公共资源与边际效益
创田园与乡野观光　城市化与城镇化与乡村化　文化精魂与生机构造　灰色空间与边际功能　区域规划与空间规划
间规划与跨域共生　乌托邦与乌有乡与理想国　标本城市与机制共性　精致工业与城镇引擎　战略目标与战术评价
态脚印与幸福指数　全球化与区域化与空间化　弱势关怀与特种就业　智力移民与动力先机　东方风水与空间黯化
域材料与个性识别　原乡农业与遗产景观　产业效能与全维评估　环境红利与生态涵养　速度常量与变损机制
间弹性与功能生态　桃源境象与城乡原貌　街市性格与旗舰项目　民生基底与政策红线　战略赢利与资源规划
务导向与智能政府　农业空间与产业适配　空间特质与材料类型　生态伦理与产业边界　投资动机与利润规则
术情态与方法创制　土地财政与价值解构　观念教育与广义养生　城乡共生与型态异化　规划艺术与设计技术
化优先与城镇愿景　　　　　　　　　　　　　　　　　　文脉衍生与空间进化　政府智慧与职能内涵
态基底与环境本质　　　　　　　　　　　　　　　　　　　　　　　　　　艺术思维与技术创新

规划要素

文化基质　交通系统　土地利用　空间型态　生态基底　建筑类型　产业集成　景观风貌　能源供需　社区模型　发展机制　基础设施

《America Indian Games and Crafts》
by Charles L.Blood
1981

触手可及的教育?

关键词：本土文脉　城镇教育

学术逻辑

1. 我们通过基础教育的标准教材了解了希腊文明的源起、古罗马的发展，但自身土生土长的城镇历史渊源鲜有机会触及。

2. 印刻入基因的本土环境，是身体、眼睛、耳朵能够随时取阅的可知可感，它塑造人们灵妙发展的个性，理解知识、专注守护原乡文化对人的价值。

3. 教育体系承担了地方文化传承与创新的重要职能。城镇教育体系规划是地方文化资源规划、教育型态完善以及民族意识提升的重要契机。其中，传统文脉体系的有效整理和建制是实现此目标的基本前提。

策略启发

教育内容和形式应该是丰富多样的。越来越多的民间教育机构，研究以中国传统文化主体建构的教育体系，惠及城镇和社区，引领孩子探索与本土文脉关联的自我本质。

如设计金工、木工、陶瓷、手抄纸、制书、染织等有趣的、互动的体验课程，通过传统手工艺的学习，发现兴趣与培养性情，创造青少年与传统智慧对话的机会，维护个人特质发展的可能性。

问题延展

1. 如何解读并建立根植于本地的传统文化脉络？

2. 城镇教育体系中的新、旧文化内涵如何有机共生？

3. 如何界定传统文脉的保存和新文化创造之间的优先原则？

《Christmas》
by Ingeborg Relph
1991

永恒的弹性？

关键词： 变数预算　弹性规划

学术逻辑

1. 德国亚琛市规划局资深城镇规划专家 Mr. Jeager 先生，有一次被询问到，城市规划最重要的是什么？他简明地回答：Future。

2. 城市规划最困难、最重要，也是最迷人之处，即未来充满的不确定性。明确一个发展方向固然提高效率，但理解留白的价值，为未来设置足够的弹性，是引导城市发展的智慧之举。

3. "规划弹性的城市和区域"，是 2013 年 ACSP/AESOP（美国和欧洲规划院校联盟）联合年会主题。研究机构尝试性提出了"弹性指标体系"，城市弹性理论成为"可持续发展理念"之后新的规划理论热点。预测变数，预置弹性，或许是未来规划的基本原则。

策略启发

《启蒙》杂志第 10 期，封面主题"逻辑未来"，呈现了英国规划研究机构"未来 50 年剑桥发展"的研究成果。

其方法核心即通过预测和洞察剑桥小镇的类型变数，施以持续发展弹性研讨，建立了"最小增长、高密集化、项链结构、绿色置换、交通串联、电子高速、新建城镇"7 种不同的发展模型，分析比较它们对该地区在经济、社会、环境以及交通方面的影响，从而进行最优的组合与选择，由此获得从定性、定量到定位的理性发展战略的规划逻辑。

问题延展

1. 如何定义和分解城镇变数的类型？
2. 如何将类型化的变数衍生为规划要素和原则？
3. 如何在战略规划中预测和预置良性变数？

《Paradise Found? Paradise Lost?》
by Herbert H. Smith
1991

快得没有原则？

关键词： 标本城市　机制共性

学术逻辑

1. 从空中观察飞速发展的城市，由于缺乏节制的疆域拓展，许多城市通常像土地上的疤痕。

2. 过度追求开发与发展的速度使对传统城市形成的时间逻辑和美好原则缺乏省思，对生物学规律和地理学基础缺乏理性，从而导致许多没有常识的"跨越式"发展观念。

3. 普世价值观念的共识和移植，是新城镇发展的优先原则之一。实验和采集具有可示范的城镇发展规律和标本智慧，是新城镇规划的有效工具。

策略启发

面对墨西哥湾的美国佛罗里达州"海边城"（Seaside）是新城市主义的标本，规划之初即依照传统城镇的经典尺度，以面积 32 公顷的"小型城市"为开发单元，严格遵循多种设施并存，徒步即可到达城镇中心，符合地方特色的多彩面孔，积极保护生态环境等基本原则。

英国彭布里镇是查尔斯王子投资开发的梦想之城，它在用途混合、居民混住、尺度合适、居住地靠近工作地等问题上取得备受瞩目的成果，而查尔斯开发的灵感，正是来源于标本"海边城"（Seaside）。

问题延展

1. 如何识别和集约具有普世性的未来城镇价值观念系统？
2. 如何界定显性化城镇个性与隐性化城镇共性之优先原则？
3. 如何在示范城镇标准设计中规划多元化的原则系统？

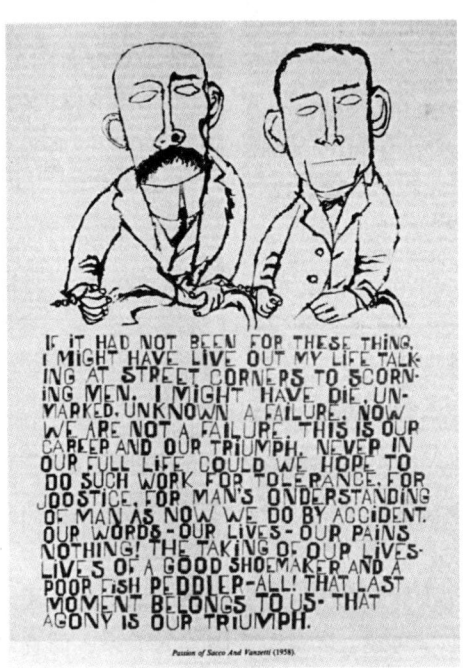

《Modern Arts Criticism》
by an unknown author
1993

讨论的基础？

关键词： 标准先置　公共衡量

学术逻辑

1. 双方发生异议，很多时候，是因为彼此采用的评价标准不同，你的依据是经济动机，他的诉求是文化传承。

2. 形成一个决议之前，不妨先置标准，罗列其方向与目的，用更多时间讨论其评价体系，比如一个"好看"的主观判断，其背后有何参照系。

3. 有此基础，才能导入有序讨论、有据衡量，公共性才能产生其相应的合理抉择与效率价值。

策略启发

巴黎市民一直小心翼翼地避免把古迹变成艺术大市场，而贝聿铭先生却希望人类最杰出的作品让最多的人来欣赏。不同动机引起卢浮宫前玻璃金字塔的设计引起轩然大波和长达两年的争执，设计师的创造性如何维系于政治权利、个人意志与民众情商，不同观念之下的设计思维引发了有价值的持续反思。

问题延展

1. 如何将标准作为新城镇规划的基本前提，抑或创新结果？
2. 如何为城镇置入具有合理弹性的标准系统？
3. 如何理解不同优先原则下的"标准化"？

《Water Plants》
by Laurence P. Pringle
1975

诗意的水性？

关键词： 滨水廊道　边界软化

学术逻辑

1. 滨水景观，设计往往着眼于视野营造，忽略近在咫尺的"身在环境"。

2. "第一眼景观"之后，滨水廊道承担起"日久生情"的重责，决定性在于，滨水廊道是否具备丰富的亲水方式。

3. 水与陆地的衔接，是滨水廊道的魅力之源，边界软化的设计策略，是滨水廊道设计的点睛之笔和永恒之道。

策略启发

Hornsbergs Strandpark 项目是 2012 年瑞典景观设计奖的得主，弯曲的滨水线，设计亮点在于水和陆地相遇形式的丰富性。

陆地水生植被的层次（不同品类、不同色彩），不同的材料（水与木、水与石），起伏的高差（坡道与阶梯），流动的步行线（分叉与交汇），舒适的公共家具（坐、卧、远眺）……

伸入水中的三个长长的浮动码头是整个设计的标志物，游客走入有飘入水中的感觉，创造了更加互动的亲水方式。

问题延展

1. 如何从理性和感性的维度解析城镇人造水景观的定性和定量？

2. 如何遵循道法自然原则实现城镇景观的亲水性？

3. 如何在干旱地区借鉴和转译"枯山水"的设计智慧阐释和呈现水的魅力？

《Legalized Gambling》
by Andy Hjelmeland
1998

生活之彩？

关键词： 博彩类型　产业创新

学术逻辑

1. 美国拉斯维加斯（Las vegas）的城市兴起是近现代世界城市发展的经典案例之一。它在城市规划、建筑风格、专业发展、生态观念等诸多领域为城市规划研究提供了鲜活的理论与实践启发。

2. 公共博彩是世界各国所关注的一个敏感又热门的话题。人们越来越意识到，博彩不仅是人类自古以来重要的娱乐方式之一，在成为区域和城市新经济引擎的同时，还提供了可观的就业机会。中国香港马会更成为当地最大的慈善机构。

3. 借鉴现代博彩产业模式，在社会伦理、公共制度、产业链规划等层面纳入城镇化战略研究，是中国未来城镇产业创新的重要课题。

策略启发

到成都旅行的人们，都会被街巷里弄、怡然自得打麻将的居民所吸引。

民众深谙"小赌怡情大赌伤身"之智慧，自然衍生的娱乐、休闲、社交方式，并未因所谓管理失位而失控恶化，反而成为一种城市独具的幸福气质和生活方式。

问题延展

1. 如何在创新观念下重新审视博彩的未来价值？

2. 如何引入现代管理制度，建立规范化的新博彩产业体系？

3. 如何通过"博彩特区"概念和策略，带动自然资源贫瘠地区再发展？

《People Talk about Their Housing》
by Boston Public
1987

美学的日常表现？

关键词： 场所气质　社区美学

学术逻辑

1. 喜欢一个人，往往是这个人有一种说不清道不明、似乎具象又无法区分边界的朦胧气场，天然吸引。

2. 人的气质或许来自于学养，有方法可循。有趣的是，场所气质也可以通过有效的空间与人际关系组织而获取，令一个人对一个场所天然地亲近。

3. 独特的气质即美的要素之一，并且恒久。社区之美，美在场所独特宜人之气质。空间组织巧妙的人性洞察，即接地气，也为社区美学加分。

策略启发

将社区会所设置于社区入口广场一侧，并将会所二层公共空间永久性地让渡社区老年合唱团排练场所，每天下午固定的两个小时，歌声从二楼的窗户传出，令到访的客人对社区祥和的氛围顿生好感。

问题延展

1. 如何建立低成本，高情感的社区美化策略？
2. 如何解析"道法自然"中蕴藏的场所精神要素？
3. 如何将社区从"生活容器"建构为雅俗共赏的"美学磁器"？

《Creative Illustration Book 1990》
by Creative Black Book
1989

教学相长？

关键词： 成人智识　儿童教育

学术逻辑

1. 儿童教育是一个古老却永远新鲜的话题。在不同的文化背景下，教育动机和价值观念都是形成教育模式的重要前提。

2. 美国教育家孟禄（Paul Monroe）认为，儿童成长源起于儿童对成人的无意识模仿。成人在做什么事，直接带动儿童趋向的形成，言传身教经意的行为设计，耳濡目染的生活环境营造，可能是儿童全程系统教育的基础写照。

3. 在"别让孩子输在起跑线上"的动机导向下，名目繁多的特长班，考试成绩导向成为众多家长约定俗成的行为常态……城镇和社区如何极力推崇日常学习环境营造，比如创建公共图书馆，组织社区课堂、阅读沙龙、社区全球网络教育平台等，结合成人共同参与，将会对儿童和家长的智识共生带来积极影响。

策略启发

"只要有儿童图书馆的地方，儿童就被认同。"这是德国斯图加特儿童图书馆建馆的核心观念。儿童图书馆提供信息接触和灵感源泉，可供玩耍，给予儿童存在感和安全感，也提供冒险和挑战。

斯图加特儿童图书馆在空间设计上满足儿童特定需求，比如可居住的书架，标准单元功能完善的独立阅览室，空间色彩识别等。图书馆还配置两辆移动的巴士图书馆，停靠多达23个站点，"为儿童提供全天候服务"是图书馆提出的服务口号。

"一个社区，一个儿童图书馆"，是智识，也应成为共识。

问题延展

1. 如何将教学相长的传统观念引入社区儿童教育实践？
2. 如何建立老少皆宜的社区全程教育运营体系？
3. 如何在乡村地区普及利用全球网络教育资源？

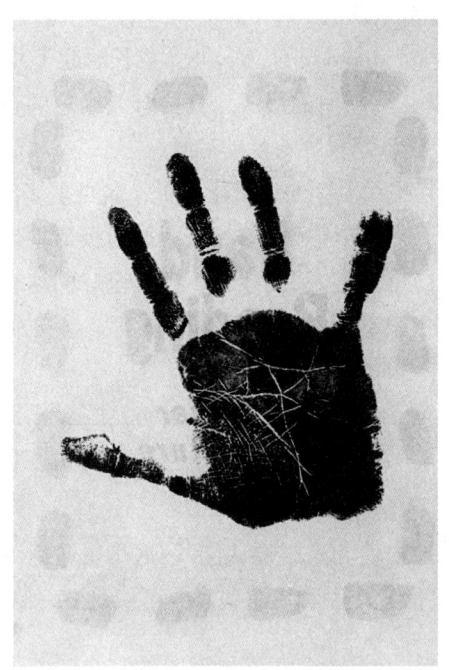

《Hand Reading》
by Lori Reid
1999

什么决定成败？

关键词：城镇规划　繁荣逻辑

学术逻辑

1. 一位老派英国规划师曾说："年满 40 周岁、知道水往低处流的道理、擅于倾听，是成为合格规划师的三个基本条件。"美国城市规划高等教育的课程谱系规定，在成为一名合格的规划师之前，环境研究、经济学、艺术与设计、地理学、民族文化研究、政府政策等，都是必须经历的学习内容。城镇规划与众不同的特殊性和复杂性可见一斑。

2. 城镇规划的原点动机，可以是政治、经济、生态、社会，也可以是文化，但城镇的繁荣，却需要同时具备战略导向、系统思维、理性逻辑、价值衡量的综合发展能力。

3. 洞察城镇发展趋势与规律，彻查城镇的先天禀赋与后天资源，赋予城镇一种可持续繁荣的内生机制，是通过城镇规划驱动发展繁荣的必然逻辑。

策略启发

《城市营造：21 世纪城市设计的九项原则》的全书开篇，作者即提出"城市设计中缺失的元素"这一课题。

城市间的竞争关系导致政府常常忽略区域的总体协调，个体开发商和设计师更关注单体项目的价值和独树一帜，城市以及城市群作为一个整体的思考，成为规划思维的"盲区"。

作者由此提出不能缺损的九项实践原则：可持续性、可达性、多样性、开放空间、兼容性、激励政策、适应性、开发强度、识别性。

问题延展

1. 如何认知和建立城镇规划的系统性要素和关联机制？

2. 如何理解系统和细节在城镇规划和未来发展中的权重秩序？

3. 如何教育和培养具有规划系统全要素思维能力的新型规划师？

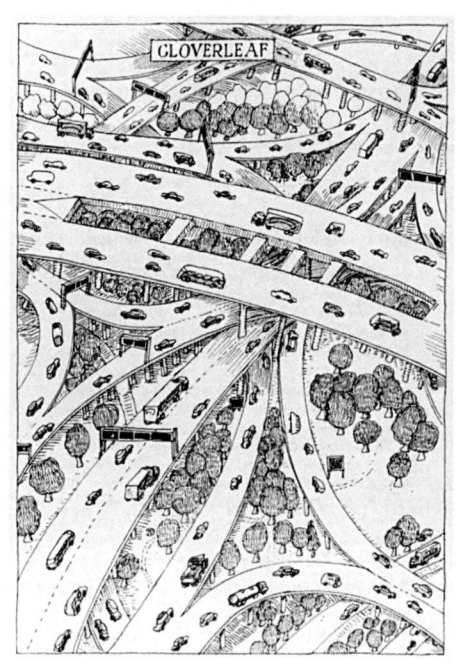

《Bridges》
by Scott Corbett
1978

全息化的城镇?

关键词：城镇信息　阅读情景

学术逻辑

1. 外地游客在陌生城市的公交地铁信息导引前犹豫徘徊，成为一种经常看到的现象。语义不清的城市信息令人费解。同样的情形，出现在老人、小孩以及残疾人士等弱势群体身上，他们对城镇信息解读的特别需要也常常被忽略。

2. 想看，看不到；看到了，不理解；理解了，是错误的？传递表达清晰、没有歧义、准确到位的城镇信息，是人性化城镇的基本要求。

3. 主动规划和设计多维度和多形态的城镇信息系统，有形＋无形，静态＋动态，传播＋接受……是城镇信息设计的逻辑和方法，同时在设计使用过程中，不同受众、不同环境要多方校验：重要程度、语言逻辑、造型尺度、光线背景……满足内容表达的完整性，传播和领悟的有效性，以及和谐美观的艺术性。

策略启发

城镇信息应尽可能考虑到小众群体的独特需求。香港地铁交通的导视设计，会邀请文盲参与测试。比如一个不识字的老太太，如何通过对图形的常识理解，便能获得正确的城镇信息。

火车进站，飞机降落，街口空间等，如何把城镇气质以"全息信息"的方法予以规划？三亚凤凰国际机场降落航线下的"南山海上观音像"，高达 108 米，承续南山寺佛理底蕴，被誉为"世界级、世纪级"的佛事工程，是航班进入三亚陆地一目了然的标志物。

问题延展

1. 如何建立形态完整的城镇信息系统？
2. 如何让城镇信息的传播形式具有地方特色？
3. 如何通过无形、互动和艺术性的信息设计提高城镇的魅力？

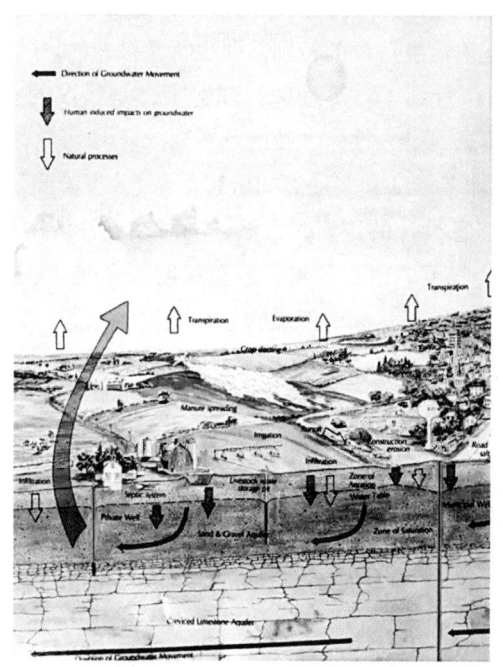

《Water》
by Eileen Lucas
1991

上善，若水？

关键词： 城市海绵　治水智慧

学术逻辑

1. 都市河流被工厂和生活排水污染，河岸的硬质化，水质恶化等城镇化的非理性恶果，不仅带来生存与生活问题，不科学的治理办法更持续叠加次生危害。硬质化导致的不透水面积扩大，城市排水系统缺乏承纳弹性，一遇暴雨，城市型洪水频生。

2. "上善若水。水善：利万物而不争，处众人之所恶，故几于道。"在道德经中，水的存在状态与内在品质被理解为几近于万象规律之本的道，从水中可以透视出某种高妙又朴素的自然智慧。

3. 如何结合自然途径与人工措施，严苛污水处理排放，保护与扩大城市海绵体——河、湖、池塘、湿地等水系，促使雨水储存与地下渗透，以利水循环使用，恢复城市的自然弹性，是"道法自然"的上善之举。

策略启发

20 世纪末，瑞士在全国推行"雨水工程"，实施了一项花费小、成效高、实用性强的雨水利用计划。通常来说，城市中的建筑物都建有从房顶连接地下的雨水管道，雨水经过管道直通地下水道，然后排入江河湖泊。瑞士则以一家一户为单位，在原有的房屋上动了一点儿"小手术"：在墙上打个小洞，用水管将雨水引入室内的储水池，然后再用小水泵将收集到的雨水送往房屋各处。用以冲洗厕所、擦洗地板、浇花，甚至还可用来洗涤衣物、清洗蔬菜水果等。

如今在瑞士，许多建筑物和住宅外部都装有专用雨水流通管道，内部建有蓄水池，雨水经过处理后使用。一般用户除饮用之外的其他生活用水，用这个雨水利用系统基本可以解决，从而使雨水得到最大化循环利用。

问题延展

1. 如何在城镇规划中解析和转译水的"上善"本质？
2. 如何协调"水生态"与"人生态"之间的共生关系？
3. 如何以社区为单元精细化、量化与优化水资源循环机制？

《Man on the Moon》
by James Throneburg
1961

先知先觉的未来?

关键词：传媒先导　观念优先

学术逻辑

1. 城市概念是城镇差异化内涵抽象后的外在识别，个性化的概念定位是城镇营销的关键要素之一。

2. 利用媒体为载体，研讨与宣导城镇观念，通过民众智慧集合，创制更有生命力的意识形态，既为城镇提供方向与方法指引，也为城镇的理性发展酝酿共识。

3. 观念先行，传媒先导，经由新观念探寻，挣脱务实导向的动机局限，为新兴城镇研究与发展带来源源不断的创新灵感。

策略启发

20世纪60年代的空中城市、70年代的电脑城市、80年代的虚拟城市、90年代的蜃楼城市，这些是日本建筑师矶崎新（Arata Isozaki）四十年设计历程中有代表性的未建成作品，收录于《未建成》一书。

这些"未建成"只存在于文本，有的过分追求纯粹的理念而不适宜建造，有的对当时的技术来说过于超前。由于没有实现，反而完成了对时间的超越，为后来人提供了颇具前瞻性的启发。

没有或少有功利目的能使思想获得自由，未来城镇的更多可能性获得启蒙。

问题延展

1. 如何建立促进城镇发展的创新观念规划的研讨与引导机制？

2. 如何在务实与务实共生原则下建立更理性的规划逻辑？

3. 如何设立跨专业城镇传媒平台，博采众长，传播新知，储蓄智慧，守护城镇的持续生长？

《Great Exhibition of the Works of Industry
of all Nations》
by an unknow author
1851

创新需要创新？

关键词：大众创业　万众创新

学术逻辑

1. 大众创业与万众创新被提出作为经济增长新引擎。

2. 创业如何才能大众？创新如何才能万众？一个倡导全民意识观念的更新，社会是否做好了大众广泛参与的准备？或者，这种准备本身是否创新？

3. 实现大众创业与万众创新的根本，是社会能够创造有利于创业和创新的机制，这本身就需要创新。比如，一个现代企业，如何创造让员工参与创新的平台；何种分配机制，能够让员工与企业一致，共同创业。

策略启发

小到"启蒙"这样一个公众微信平台，如何开放成为一个大众能够参与的公共平台。

是否可以借鉴维基百科的模式，借由"启蒙"公众微信平台建立的一种开题语法，每个人都可以根据自己的研究趣向，创建自己的关键词及学术逻辑，通过网络协同，共同创建一个"未来城镇　幸福生活"的模式词典。

问题延展

1. 如何在"温故"的充分前提下，开启"维新""知新"与"创新"？

2. 如何从历史和艺术的维度，重新审视创新的思维逻辑和评价标准？

3. 如何界定真正意义的"原始创新"和"集成创新"？

《Skylines》
by Floy Winks Delancey
1969

空间剪裁术？

关键词：都市界面　立体艺术

学术逻辑

1. 都市空间与自然空间的明快对比，是都市境象的重要部分。都市与自然交织的立体界面在特定光影条件下，犹如剪影艺术似的表现和传递了地方信息，或是山地的时隐时现，或是港口城市的繁荣景象，其具有识别性的风貌，会让人感受身临其境的欣喜。

2. 这种特殊的空间风貌形式不仅是各地游客们观赏的对象，作为都市的出现及成长过程的记录，也会留在市民心中。因此，都市连续产生的立体剪影，不仅是空间上的视觉感观，也是时间维度的情感记忆。

3. 在日趋活跃的旧城更新计划中，保留下那些经历时间洗涤和自然塑造的都市空间形态，让居住在那里的市民将以此为荣，也会让观光者印象深刻，回味无穷。

策略启发

在德国的旅行，往往被赋予"有序的空间之旅"的定义。在那里，自由造型的建筑，也受到几分抑制，保持了都市造型承传关系的连续。

奥德河畔的法兰克福，旧城区的建筑物高度被严格限定在一定的范围内，保全了大都市市中心历史建筑的立体剪影。贝德希海穆旧城区周边的新开发住宅，屋顶部分则采取与旧城区立体剪影吻合的造型。本兹贝尔克的市政厅在修建新塔时，也与古城遗址的修复相一致，使其成为该城的标志建筑。

问题延展

1. 如何参照不同时空维度设计独具特色的城市界面？

2. 如何借助非人工手段营造城市气质？

3. 如何理解城市天际线的主动设计与被动生长的逻辑关系？

《Healing Rage》
by Ruth King
2008

幸福之道？

关键词：道家文化　幸福指数

学术逻辑

1. 幸福是在生活满意度基础上产生的一种积极且稳定的心理体验，它既是对生活的客观条件和所处状态的一种事实判断，又是对生活的主观意义和满足程度的一种价值判断。

2. 道家主张清虚自守，去欲存真，顺法自然，天人合一。这种主观与客观的统一性使幸福与道家文化产生了某种深层次关联。"甘其食，美其服，安其居，乐其俗"，形成了对幸福最朴素的勾勒。

3. 作为对幸福量化评价的一种尝试，"幸福指数"概念经不丹国王旺楚克提出后，迅速引起全世界的关注和应用。幸福指数体现的人本关怀，与道家文化的普世价值观有着异曲同工之妙。

策略启发

作为道家圣地，终南山是历代隐士试图摒弃世俗桎梏、追寻真我幸福的理想之地。美国汉学家比尔·波特（Bill Porter）的著作《空谷幽兰》面世后，终南山隐居生活更是受到追捧。中国经济数十年的迅猛增长催生了庞大的中产阶层，其中一些人已经开始质疑物质主义价值观。"我觉得（城市）生活就像永无止境的圆圈，追寻更好的工作、更好的车子……但最终不知要去哪儿。"在广州辞去高薪工作准备隐居的刘景崇（音）如是说。据不完全统计，有5000多位来自全国各地的修行者来到终南山隐居，其中不乏政府高官、商界富豪。纵使这里生活清苦，甚至会碰到致命的毒物，也阻挡不住人们追寻幸福信仰的脚步。

幸福是基于人本关怀的生存目标，有着比物质更深刻的内涵，道家文化的朴素观念，是我们永恒的智慧之源。

问题延展

1. 如何运用道家哲学认知和改良幸福指数？
2. 如何因地制宜地将幸福指数纳入新型城镇发展规划？
3. 如何因时制宜设计有地方特色的幸福指数？

《Animals that Build Homes》
by Kyle Carter
1995

何为"贵"？

关键词：地域材料　个性识别

学术逻辑

1. 不惜血本，不远万里，从南方将石材运往北方装饰园林等类似产品营造之举，一度被视为对客户的用心、对品质的追求，并成为被效仿的风尚。

2. 物质生活的标高，稀缺为贵的经济动机是一种逻辑；就地取材，物美价廉，看似平常，里面有"另一种难得"的观念价值。

3. 有时候因为缺乏自信，往往会丢失你所在的个性，理清楚这个问题，本身可能就是一种稀缺的识别。

策略启发

位于八达岭孔雀城的瑞云酒庄，这样描述就地取材："葡萄园的喜鹊用地上捡来的葡萄枝搭窝，我们用地里挖出来的石头盖酒庄。"

瑞云酒庄清理土地里的大石头整治土壤以利葡萄种植，再用挖掘出的石头堆砌墙体，建筑就像从土地里长出来，其聪明的用心，使之成为当地最具个性识别的风貌地标。

问题延展

1. 如何在全球化情境下解读和形容地域化？
2. 如何在现代化进程中尊重和创造地域性历史价值？
3. 如何引导城镇设计和建设中本土材料采购的鼓励政策？

《An Ansel Adams Guide》
by John Paul Schaefer
1992

历史之美？

关键词：风格隐喻　场所象征

学术逻辑

1. 一份关于"最受喜爱的场所和社区"的调查显示，人们喜欢的东西，很大部分是与其成长过程所处环境联系在一起的。

2. 一片街景，一座门楼，或许都能发现属于这片场域的印记，符号、色彩、物件，都可能是承载这种印记的有机组成部分。

3. 发掘、整理和塑造这种地缘风格意象，是城镇化发展对文脉的充分尊重和保护选项，发展它，使之成为人们提及即有画面感的描述。

策略启发

创造具有风格隐喻、场所象征的场所，本质是对人性的尊重。

《城市化时代的城市设计》一书，提出人性场所设计的四大策略之一，即"赞美历史"。它强调城市设计不要损坏社区与过去的联系，记忆是人类情感的源起。

毫无疑问，"赞美历史"是值得赞美的城镇设计观念和持之以恒的设计动机。

问题延展

1. 城镇规划如何理解"历史的隐喻"？

2. 如何在非视觉状态下体会"历史遗迹"中的象征意义？

3. 如何理喻和考量"修旧如旧"和"修旧如新"的观念内涵？

17 Hermann Finsterlin. Fortress. c. 1920.

《Expressionist Architecture in Drawings》
by an unknown author
1985

建筑地域？

关键词： 风物流变 建筑形态

学术逻辑

1. 世界之大，地形气候皆异，一方水土养一方人，一个地方有一个地方的特质和风貌，因此，建筑形态的因地制宜，是一个简单的常识。

2. 兼容并蓄，激发文化创新，但简单地复制模仿，风格盲信，无视本土环境、地方智慧的建筑开发，原生空间场域的精神分裂和气质变异显而易见。

3. 承接传统风物，融合时代流变，创制具有文化进化力的建筑形态，对审美与艺术能力提出了更高要求，这将是规避千城一面，建制具有本土文化识别和涵养创新精神的城镇化历程中的重要课题。

策略启发

始建于 20 世纪初，于 2007 年成为世界文化遗产的广东开平雕楼群，融合了中式生活方式，中西结合的建筑装饰语言，并率先利用了当时先进的钢筋混凝土工艺，塑造了造型独特、映射时代背景、具有历史和艺术价值的新地域建筑类型。

有建筑界诺贝尔奖美誉的普利兹克建筑奖 2012 年得主、建筑设计师王澍，运用"新的建筑、旧的回忆"之设计意念，在设计高层垂直院宅时，发想浪漫创意："哪怕住在100 米的高度上，也能体会住在两层高小楼里屋檐滴雨窗前的感觉"。一个微小动机，直接影响了建筑立面形态的表达：让每层檐口挑出，以形成雨滴的滴答之声。

问题延展

1. 如何定义地域的内涵和边界？
2. 如何引导根植于本土的建筑进化思维？
3. 如何衡量和评价地域与异域结合的造型要素和设计语言？

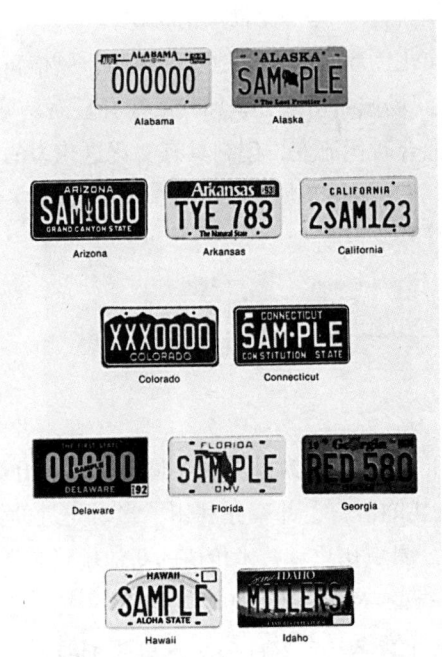

《State Names，Seals，Flags，and Symbols》
by Benjamin F.Shearer
1994

高速走廊，也或文化长廊？

关键词： 高速走廊 地方象征

学术逻辑

1. 城市与区域发展趋同，导致千篇一律的连绵景象。只有逐渐密集的高速路牌，意味着另一个城市出口的到来。

2. 高速走廊能否成为地方象征的线性展览馆，地貌植被、民俗风物、城市故事的有意识采撷与规划呈现，让高速路网成为文化的神经蔓延，可以想见的驾驶愉悦。

3. 建立地方识别是城镇区域发展的动机之一。交通走廊的空间场域，是营造新地方识别的重要载体，走廊形态塑造将成为不可忽视的规划要素。

策略启发

地方识别的素材研究与物料呈现，《华夏地方微县志》，体现地方特色图文并茂的简明读本，在当地高速休息区发行，这也许是储存和传播地方文化的有效策略。

问题延展

1. 如何差异化洞见地方识别要素的美学标准？

2. 如何规划高速廊道的视觉系统要素？

3. 如何在高速移动行为模式下呈现地方信息要素和载体机制？

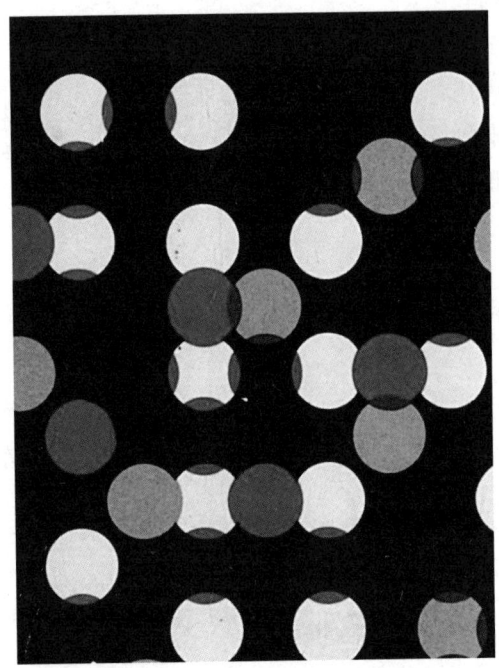

《The Art and Science of Creativity》
by George F. Kneller
1965

新经济景观？

关键词：个体办公　社区经济

学术逻辑

1. 工作社区、SOHO 等概念最早出现在美国。以往只是属于自由职业者，如写作者、艺术家等这种基于个体工作属性而产生的家庭办公的工作模式，随着网络与移动技术的惊人发展，很多需要互助、沟通的工作，也可足不出户解决协作问题。

2. 随之带来的负面效应是，长期个人、家庭办公的封闭性、单一性，对人的社会属性产生不利影响。家庭办公的人需要时常的空间更新，个人的工作也需要保持和社会语言、肢体的接触，以促进心理健康。

3. 这为社区新型经济的发生带来可能。从足不出户到就近方便，传统社区从仅仅满足生活便利的功能配套，发展适宜于新型工作模式的场所，放大社区弹性，增加跨职业互动频率，开展彼此需要的联系，社区成为近在咫尺的工作外延，不啻为社区规划创新、提升社区竞争力的策略方法。

策略启发

"大众创新，万众创业"，自由高效、小规模灵活机动的工作模式，是互联网＋创造的新生态。

车库咖啡、优客工场、众创空间、You+ 公寓……雨后春笋般出现的新型经营性公共空间，即适合个体工作沉思，也适宜群体脑力激荡，已成为现象级的城市生活模式，把各种乐于互动交流的人们从自家客厅卧室吸引出来，聚变民间创新力量，形成令人欣喜的新经济景观。

问题延展

1. 如何在开发策略中系统提升社区家庭办公服务品质？
2. 如何在社区设计中预留弹性公共工作区以营造社区产业生态？
3. 如何应对社区商务活动与社区居民生活的冲突？

《Champions》
by Bill Littlefield
1993

"鸟巢"的未来?

关键词： 公共服务　持续盈利

学术逻辑

1. 城市人文景观是城市记忆和永恒魅力的组成部分。能够保持持续服务和运行活力的公共设施体系是未来城镇的标识与标准。

2. 耗资不菲的奥运场馆的赛后利用，一直是奥运承办国遭遇本土质疑和诟病的焦点。曾经标志性的场馆设施因缺乏运营支撑而负债累累，陷入困境。

3. PPP 模式将是激活民间资本与智慧的良方，通过系统设计、组合投资、运营管理和利益分配的协同监制，促进未来城镇公共服务驰入良性轨道。

策略启发

美国 NBA 场馆以持续经营和盈利为目标的金融工具研制、投资与经营团队组合、场馆规划与设计等经验值得借鉴。

多功能用途是首要经营策略之一。纽约麦迪逊花园广场除了 NBA 比赛，还是 NHL 的纽约游骑兵队以及 WNBA 纽约自由队的主场。同时，该球场还举办各类选秀、格莱美音乐颁奖典礼等。

传统广告之外，冠名是另一个重要收入来源，丰田公司曾以 1 亿美元购得火箭队球场一定年限的冠名权。活塞队的奥本山宫殿球场耗资 7500 万美元，全部来自私人基金，它有 193 个豪华包厢，相当于建造伊始就已众包。除此之外，数十种金融工具与经营策略的前瞻性和全程支持是确保投资与运营的基础。

问题延展

1. 如何将持续经营和盈利纳入城镇公共服务设施的评价标准？
2. 如何因城制宜地建立可持续、多模式统筹下的城镇公共服务发展机制？
3. 如何在空间和功能层面设计有价值弹性的运动场馆？

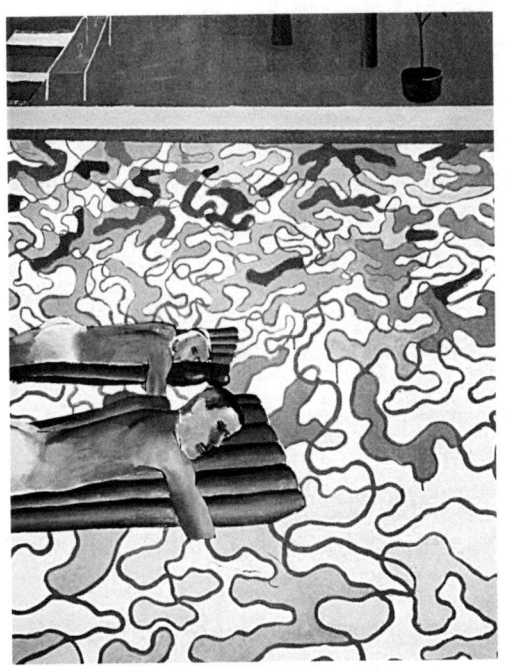

《Art，the Critics' Choice》
by an unknown auther
1999

公共空间的私房品质?

关键词：公共家具　宜人空间

学术逻辑

1. 人们的生活从室内延伸至室外时，要求基本上是不变的：安全、舒适、便利。但室内外环境空间构成及归属上的不同，室外因其公共性而缺乏个体及具体的要求，经常显得"将就"。

2. 而另外一个方面，由于公共家具担负有城镇形象的职责，它又时常被地方行政性的指向尺度夸张、装饰过分、统一批量的设计，缺乏宜人的考量。

3. 应该因地制宜地根据人们户外活动的不同属性而设计公共家具，同时制定匹配的环境原则、装饰原则，包括符合城镇性格的地域性原则，以指导城镇公共家具的体系建立。

策略启发

一个"建筑生活美学"的兴趣小组，发起"寻找青岛最美座椅"的一项城市考察项目。

对青岛长达十余公里海岸线的所有公共座椅进行综合性考评，评价体系包括尺度、材质、舒适性、环境性、艺术性等多项指标。

最终评选出青岛最美座椅：一块位于八大关海边的天然礁石，因其千百年海浪冲刷，光洁圆润，结构稳定，似蛙伏于地面，贴合身体，令腿部舒展。

问题延展

1. 如何创造历久弥新的城市舒适度指标？
2. 如何界定合理的城市公共家具类型、数量和质量？
3. 如何设计有地方特色的公共家具形态？

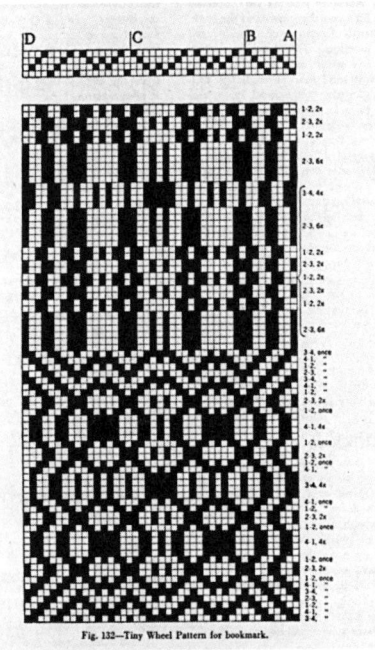

Fig. 132—Tiny Wheel Pattern for bookmark.

《The Joy of Hand Weaving》
by Osma Galinger Tod
1977

公共交通的本质与潜质？

关键词：公共交通　城镇繁荣

学术逻辑

1. 2007 年，我国人口超过 100 万的城市已经发展到 140 多个。到 2025 年，中国城市人口将达到 8.3~8.7 亿，约占全国总人口的 60%。中国城市化进程已经进入城市加速发展阶段。

2. 城市边缘摊大饼式扩展模式，已被事实证明是阻碍城市发展的主要因素。开发新城应在原有的半城市化地区有选择地发展卫星城市。"以公共交通为导向"的开发模式，也即 TOD，改变小汽车主导发展带来的诸如环境恶化、无序扩张、交通拥堵、人性化开放空间丧失等城市问题，已成为公认的可持续发展的重要手段。

3. 这一模式由新城市主义代表人物彼得·卡尔索尔普提出。它以地铁、轻轨等轨道交通及巴士干线公共交通为中枢，公交站点为中心、以 400~800 米（5~10 分钟步行路程）为半径建立集工作、商业、文化、教育、居住等为一体的城区，以实现各个城镇组团紧凑型开发，有机协调，共同繁荣。

策略启发

阿联酋马斯达尔城（Masdar City），兴建于阿布扎比郊区的一座环保城市，以"成为世界上首个达到零碳、零废物标准的城市"为目标而设计。

一种电动铁路系统连接马斯达尔城与周围城市的交通。马斯达尔城（Masdar City）城区内则完全无车，进了城就必须步行、骑自行车或乘坐无人驾驶的公共电车。这种公共电车在半空中的轨道上行驶，人们从任何一个地点前往最近的交通网点和便利设施的距离都不超过 200 米。这种快速公交车辆以太阳能为动力，对于石化燃料的消耗量几乎为 0。马斯达尔城设计师福斯特说："马斯达尔城一定会成为未来可持续发展城市的标尺"。

良善的初衷是否与最终的结局一脉相承，如愿以偿，我们拭目以待。

问题延展

1. 如何协调城市公共交通的服务动机与运营危机？
2. 如何创造性改善传统公共交通系统的服务效能？
3. 如何化解减少私家车出行与提高城镇商业客源的矛盾？

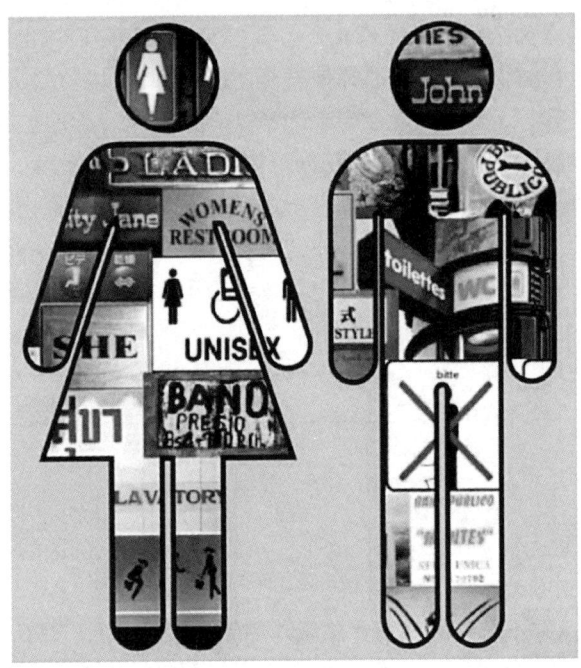

《Toilets of the World》
by Morna E. Gregory & Sian James
2009

遍地是黄金？

关键词：公共设施　多维价值

学术逻辑

1. 公共设施不仅为市民提供便利，也代表都市形象。政府财政每年大量投入公共设施建设与维护，但断头的盲道、难觅的公厕、荒废的信息亭……凸显了城市建设中的难题。

2. 公共设施属于公共产品，具有经济学上的外部性特征，即大众在使用过程中不需要相应支付和补偿。其在生产建设过程中往往因缺乏监管和规范使正外部性减小，而在使用过程中又因缺少行为引导使负外部性增大。

3. 公共设施受众极广，价值是多维的，既包括本身的实用价值，也包括景观、文化、科技价值，甚至可以衍生出许多附加的商业价值。城市运营需要将这些价值进行系统考虑，进而寻找外部性内部化的途径。

策略启发

公厕的大量投入和低效运营一直是柏林市苦恼的问题。1990年，市政府公开拍卖全市公厕经营权，但无人问津，瓦尔公司嗅到其中商机，将其拍下。这家公司利用人流量特点，很快将遍布柏林的公厕打造成一张高密度的广告展示网络，同时采用精细化管理，大大提高了公厕的运营效率和使用体验。他们还邀请全球著名设计师设计了一批收费高档的厕所，提供个人护理、按摩、视听、阅读等服务。瓦尔公厕很快获得成功，并在其他城市迅速复制，获得超过3000万欧元的广告收入，一举击败奔驰、宝马，获得德国最具创意企业奖项。

挖掘公共设施的多维价值，找出合适的市场化路径，就能实现提升公共服务质量和促进经济增长的双重效果。

问题延展

1. 如何因地制宜地制定城市和乡村公共设施标准体系？
2. 如何有机地形成城镇公共设施功能与空间的集成化与弹性化？
3. 如何集合公私力量有效维持城镇公共设施的可持续运营？

《Architects Make Zigzags》
by Roxie Munro
1986

遗迹、遗传与遗产？

关键词： 工业遗存　再生经济

学术逻辑

1. 历经 150 余年发展后衰败的德国鲁尔（Ruhr）工业区，面积约 4400 平方公里，通过数十年"化腐朽为神奇"的更新改造，成为工业遗存价值再生的经典案例。其中，埃森的矿业同盟工业区景观代表了世界工业发展中的一个巅峰，2001 年被联合国教科文组织列入世界文化遗产名录。

2. 政府引导、生态恢复、公园模式、生活回归、遗迹留存、就业更新、交通导向和文化复兴是鲁尔工业区新城镇规划的核心策略。矿区以"工业森林"、"产业景观"、"活态博物馆"等执行计划，让工业遗址成为人类进程的历史见证。

3. 工业遗迹的价值再生是可持续观念下的重要课题。创新产业观念和空间机制的再造，是工业遗迹的历史、艺术和商业价值得以衍生的学术前提。

策略启发

工业遗产成为艺术商业区是一个时髦产物，真正的改造智慧，在于赋予昔日的工业构筑物以新生命。

一座废弃的瓦斯储放槽经过结构加固变成一个潜水训练基地，直径 45 米、深 13 米的圆桶中注满水，放入一艘沉船与一部汽车，由救难协会管理，作为救难训练的道具。

用于存放炼钢用焦煤的巨大水泥构筑物，被改造成了攀岩训练场，吸引并培养了广泛的攀岩爱好者，在没有一座山的鲁尔工业区，德国攀岩协会的鲁尔分会竟然拥有了全国最多的会员。

问题延展

1. 如何将工业遗迹的历史价值转化为未来价值？

2. 新产业要素和传统工业遗迹如何有机契合？

3. 如何建立以工业遗址为载体的都市创新产业社区？

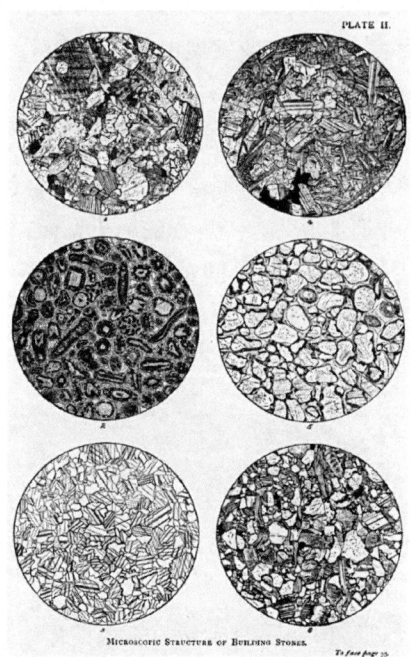

《Stones for Building》
by George P. Merrill
1891

养生的空间？

关键词：古典智慧　养生社区

学术逻辑

1. 养生，顾名思义，就是通过各种方法增强体质、预防疾病、颐养生命的意思。保养生命，使之绵长，这是人类共同的、最为朴素的愿望。

2. 居住方式是养生的热门话题，在哪里养生成为一个经济与市场的动机，度身订造的养生社区应运而生。需要定义的是，什么是养生社区？养生社区的要素有哪些？是否只有"养生社区"才能养生？

3. 如何从"土、火、气、水"等自然要素中提取可资借鉴的西方古典设计手法，如何萃取"上医医未病，中医医欲病，下医医已病"的东方养生智慧，使之成为建设复合型健康社区经济可行的规划观念。

策略启发

养生社区的营造，可以从传统智慧中汲取营养。《庭院与气候》一书中，列举了大量源自古典经验的简单、朴素的营造方法，值得借鉴。

比如，北方社区的冬季，如何设计有益于老人户外的活动空间：东西向两倍于走道宽度高的厚实墙，抵御北风侵袭的同时，吸纳南向阳光的热量，自然散发于紧贴实墙南向的路径，形成一个温暖的微气候步道。

问题延展

1. 如何将"治未病"观念和由此衍生的古典方法换算成新城镇规划的指导原则？
2. 如何在设计策略中融入具有"医欲病"效能的社区景观体系？
3. 如何研发定性和定量双指数结合，评价身体和心理健康的社区评价系统？

《One World，One Myth》
by Emilia Rathbun
1972

国际社区的边界？

关键词： 国际社区　文化混合

学术逻辑

1. 国际社区长期被房地产销售作为一个重要卖点，被认为是高档的象征，这一认识仅仅是非常物质的表象。

2. 文化混合是国际社区的价值本质，多元文化勾连，以不同的生活方式巧妙融生，通过了解别人，认识自己，开启视野。

3. 社区规划要为文化混合提供充分的空间机制，虽然一个社区融进了不同文化，但缺乏促进文化共生于新生的诱因，国际社区就可能成为没有持续生命的符号。

策略启发

移动互联的发展，所谓"国际社区、文化混合"已不局囿于物理地域的空间形态，Airbnb（AirBed and Breakfast，爱彼迎）这样有着鲜明社区化形态的在线房屋租赁应用，架起了人与人在生活空间和生活方式上共生相处的桥梁。

空闲的资源用于出租获取经济收益的原始动机之上，更创造了每时每刻、全世界不同地方的陌生人发生文化混合的新机遇。

问题延展

1. 如何建构社区跨文化要素的生态混合机制？
2. 如何为异域移民提供差异化的物业服务？
3. 如何引导和孕育不同文化类型之间具有共生性的社区新文化？

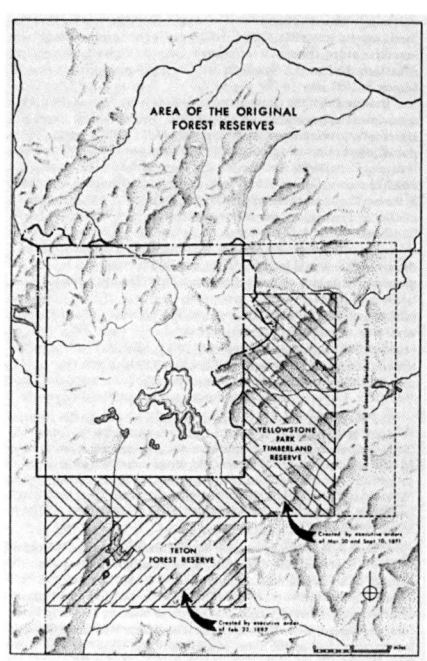

《The Yellow Stone Story》
by Aubrey L. Haines
1977

天下为公园？

关键词： 国家公园　国族情谊

学术逻辑

1. 一个国家或一个区域的地理特质、气候属性和自然风貌，是塑造国家和地区精神的天生要素。

2. 美国的国家公园运动，德国的森林象征、家乡运动和山岳电影……是 19 世纪以来构建民族识别和国民自信的经典国家文化策略。

3. 国家文化的传承和创造是顶层设计的重要策略目标。以振兴国家和区域识别、塑造新民族精神、保护原野风貌为宗旨的国家公园运动，可能是值得重视的促进地方与区域发展的特殊契机。

策略启发

国家公园的概念由美国艺术家乔治·卡特林（George Catlin）于 1872 年首先提出，并作为向政府的一项倡议。"保存景观……令人向往的资产……为美国的人民及其未来子孙……野生、冒险、责任心"，使之成为"美国精神的一部分"。由此诞生了全世界第一个国家公园：黄石公园。

其观念行为特别之处是：150 年前国民振兴美国文化、塑造美国精神的国家民族自觉性，文化动机在先，自然保护在后。

问题延展

1. 如何创造适合中国国情的新国家公园观念原型？
2. 如何将国家公园的研究和设计纳入空间与区域发展规划？
3. 如何建立可持续、多维度的国家公园赢利模式？

《This Old Farm》
by Writer Michael Dregni
2013

田间的市民？

关键词：观念农业　乡村市民

学术逻辑

1. 农业起于生存，成于生产，归于生活，融于生态。休闲农业、旅游农业、文创农业、教育农业、养生农业……这些农业新观念的兴起，从根本上改变了农业的产业属性，也迎合了人们更高层面的精神需求。

2. 在很多情况下，农业已经跳出传统一产的范畴，逐渐走向三产融合。一产资源、二产方式、三产产品，这种新型产业综合体的出现，为农村就地城镇化和农民就地市民化提供了可能。

3. 农民不仅是生产资料的原始拥有者，也是新业态的从业者，这种双重属性使其可以通过一种稳妥且可持续方式重新定义农民身份，并带来生活改善和素质提升，成为生活在乡村里的"新市民"。

策略启发

意大利休闲农业从 19 世纪 70 年代开始趋于鼎盛，被学界称为"绿色假期"。作为意大利现代农业的一部分，休闲农业崇尚绿色、注重提高生活质量，已经成为意大利人的一种生活追求。农业旅游逐渐使农村成为一个"生态教育农业园"，不仅扩大了生态农业耕地面积，还使当地农民通过各种合作经济组织，加入遍布全国的"绿色农业旅游"经营企业，顺利实现转型。

在城乡一体化格局下，围绕农业的多重价值和丰富功能，开发具有本土地缘特色的旅游文创产品是传承和传播文化，促进传统农业升级和农民转型的有效策略。

问题延展

1. 如何在城乡规划中合理配置新型农业的各类生产要素？

2. 如何在产业融合发展机制下设计农民转型多元路径？

3. 如何通过产业、文化、教育、经营等多级互动制定系统的农民综合素质提升计划？

《Squares》
by Amold Shapiro
2001

广场的生机？

关键词：广场文化　社区气候

学术逻辑

1. 广场舞满足社区老人健康、社交以及寄放青春记忆的需求。不可避免的，也是引起颇多争议的扰民因素之一。

2. 广场当然不仅是老人需求的空间，它是形态多元的城镇公共空间，是孕育社区人文气候的基础，民众的幸福指数与此息息相关。

3. 如何科学合理地设计广场的规模、数量与位置，满足社区不同居民、不同时间、不同用途的功能需求，是规划不可缺省的要素之一。

策略启发

容纳多人聚集、容易滋生扰民噪声的硬地广场，不适宜设置于社区中央，尤其当此广场处于四周围合住宅的位置。

一个人的脸在 20 米左右的距离才能辨认清楚，洪亮的声音在直径 20 米之内人们才会下意识地感觉大家联系在一起。建造比你原先想象中小得多的广场，通常直径只有 15 米至 20 米，会产生迷人细腻的社区体验。

问题延展

1. 如何将公共空间因地制宜地设计为具有磁场效应的社区客厅？
2. 如何将新旧文化要素与空间融合，营造气质鲜明的社区文化微气候？
3. 如何引入空间经纪机制，建立活态化社区公共场域管理模式？

《The Art of the Piano：Drawing》
by John Diebboll
2000

艺术地技术？

关键词： 规划艺术　设计技术

学术逻辑

1. 规划是指"为达成既定目标而制定的一系列策略和计划"。它需要在本质性、系统性、战略性、灵活性等基本原则之下，对如何实现既定目标进行综合考量。由于系统要素的丰富性、外部条件的客观性、未来参数的未知性以及逻辑选择的主观性，城市规划常常面对类型多样的变数和发展弹性。

2. 设计被称为"一种有目的的创作行为"。城市设计需要在总体规划约定的发展目标、基本原则和关键要素等前提条件下，通过细致严密的技术思维和手段，结构性推衍和塑造城市空间体系、风貌样态和发展节奏。

3. 在理性研究基础上，结合艺术思维与技术手段，破除传统思维定式，探寻未来城市规划与设计的创新方法，构建科学与艺术共舞的城市发展思维与管理模型。

策略启发

扎哈·哈迪德（Zaha Hadid）是建筑界瞩目的明星建筑家，2004 年普利兹克建筑奖获得者。

学数学出身的扎哈，认为所有语言都有它的局限性，建筑设计应该抛弃既有语言，从新的角度和新的技术考虑问题，不断试验。具有技术属性的数字计算机，成为扎哈创作充满液态化、流动性和透明性的标志性作品的强有力的技术支持。

"数字化"的表现随着电脑软件的不断更新越来越强烈，很难想象，如果没有借助于先进的电脑技术，扎哈的那些姿态灵动、浑然一体的仿生型建筑群，如何被创制出来。

问题延展

1. 如何在城市发展计划中明晰城市规划与城市设计的交互逻辑和界面？
2. 如何在遵守客观规律基础上充分利用规划师与设计师的主观意志？
3. 如何采用规范化的设计技术语言呈现个性化的规划艺术思想？

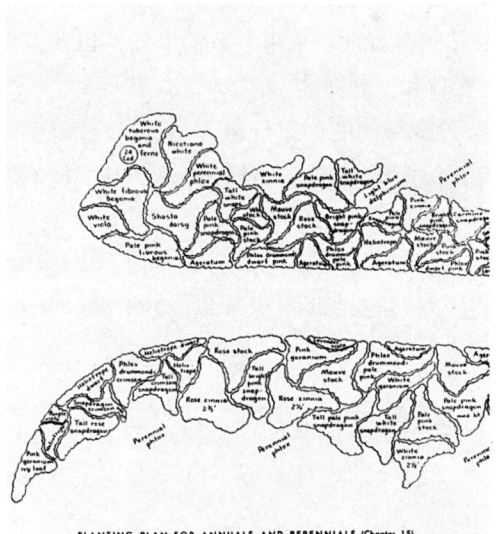

PLANTING PLAN FOR ANNUALS AND PERENNIALS (Chapter 15)

《Garden Design Illustrated》
by Grant，John A.
1954

万园之源？

关键词： 花园社区　田园城镇

学术逻辑

1. 人们美好的生活状态，往往都与"园"有关：田园、菜园、花园、果园、公园、校园、家园……甚至，《圣经》有记载：上帝造人，则安置于奇花异果的乐园——伊甸园。

2. "园文化"是一种人类的生存文化，成为历来人们提升生活环境品质的重要方法，英国著名城市学家埃比尼泽·霍华德（Ebenezer Hward），更把呈现"自然之美，城乡一体"的田园城市，化为园的明日。

3. 中国经典园林著作《园治》所谓："造园无格，必须巧于因借，精在体宜"。城市化与园文化创新同步，审慎对待园的要素和建造，执以敏感、观感、美感与情感的通感逻辑，让城镇化水准，一目了然。

策略启发

曾经任职丰田的工程师苏沙马，创办了一家提供整套植树造林服务的企业，其核心是以工业生产系统方法高质量和高效率地制造微型森林。

这些微型森林小到只需两三个车位，在家里、在学校、在路边、在工厂、在荒地，这样的空间随处可寻。利用当地生物质，作为改变土壤的肥料；科学均衡选择植被，种植得非常密集，人都无法走过去。

苏沙马在互联网平台，开放分享造林秘方，通过安装小型探针，远程测试土壤，给予一步步的操作指南，让任何人都可以非常轻松地创造自己的森林，费用比买一个iPhone的钱还少。

问题延展

1. 如何从原型、类型、模型与造型的学术逻辑研究"园"的形态内涵？

2. 如何在跨文化情景下探寻"园文化观"？

3. 如何因袭"借景为园林之最者"原则，营造"虽由人作，宛自天开"的城镇美景？

《Farm》
by Richard Rhodes
1990

正德、利用、厚生、惟和？

关键词：厚生初衷　社会维养

学术逻辑

1. 厚生，厚民之生。2009 年 11 月 13 日，联合国秘书长潘基文（Ban, Ki-moon），用汉字为国际儿童日题词：儿童保健，厚生增进。日本政府直接把负责医疗卫生和社会保障的部门命名为"厚生省"。

2. "厚生"一词其实出自《尚书》："正德、利用、厚生、惟和"，正人之德，尽物之用，方能使人们生活富足、社会和谐。

3. 城市社会是许多个体彼此相依的一种存在状态，以"厚生"为动机的维护和养育，建立"正德"的机构与"利用"的机制，应该是树立城市社会持久和谐的原则基础。

策略启发

联合国粮食及农业组织（FAO）是联合国系统内最早的常设专门机构。其宗旨是提高人民的营养水平和生活标准，改进农产品的生产和分配，改善农村和农民的经济状况，促进世界经济的发展并保证人类免于饥饿。

它负责搜集、整理、分析和传播世界粮农生产和贸易信息；向成员国提供技术援助，动员国际社会进行投资，并执行国际开发和金融机构的农业发展项目；向成员国提供粮农政策和计划咨询服务；讨论国际粮农领域的重大问题，制定有关国际行为准则和法规，谈判制定粮农领域的国际标准和协议，加强成员国之间的磋商和合作。

可以说，它是一个信息中心，是一个开发单位，是一个咨询顾问，是一个国际讲坛，还是一个制定粮农国际标准的机构，贡献作为世界"厚生共同体"的非凡价值。

问题延展

1. 如何制定以厚生为核心目标的城市规划原则系统？

2. 如何平衡社会与环境、经济与文化不同价值原则的优先性？

3. 如何建立厚生原则导向下的城市评价标准？

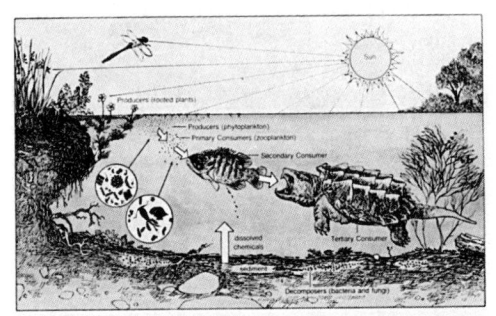

Figure 4-13　The major components of a freshwater pond ecosystem.

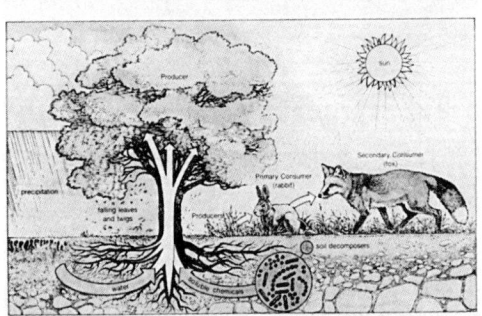

《Environmental Science》
by G. Tyler Miller
1991

环境泛养生？

关键词：环境修复　养生要素

学术逻辑

1. 山清水秀，是直接与生态安全、环境优美画上等号的场景想象。其本质是指最健康的环境，就是有原始背景值的环境。

2. 人为生产与建设过程中，难免有对环境产生负面影响的改变；而环境修复，借助外界作用力，使环境的受损部分全部恢复成初始状态，包括阳光、空气、水、土壤、生物多样性等基本生存要素，是建立具有养生效能的自然生态环境的基本条件。

3. "日落而息，日出而作"，是顺应自然规律的传统生产与生活方式，也是千百年来一种人与自然和谐共生的泛养生哲学。原生生态环境体系的持续涵养与优化，即"顺应自然"原则的行为遵循，理应成为"泛养生"概念下未来城镇规划的基本原则。

策略启发

帕尔默顿（Palmerton）一度成为美国工业小镇的典范，到 20 世纪中叶，帕尔默顿却因多年的锌金属冶炼，造成土壤和地下水污染，严重威胁当地居民健康，修复环境成为帕尔默顿数十年为之努力的目标。

环保局批准以客土覆盖为主的修复方案，逾三百万吨客土的来源，因为一项新兴产业——土壤资源化利用（合理利用当地和附近区域产生的"客土"），而得以解决。

环境修复的观念、合理的技术准则、严苛的执法，是帕尔默顿得以成功实践土壤资源化利用、推进污染场地修复的关键因素，这对老工业基地的复兴以及新城镇化建设尤具借鉴意义。

问题延展

1. 如何建立多层级、全要素考量的原生生态环境信息库？

2. 如何全周期动态评价城镇化进程中的环境品质？

3. 如何最大化采用生态手法形成具备自我修复机能的环境系统？

《The Art Sewing》
by Time-Life Books
1974

景观的三体？

关键词： 环境规划　公共空间

学术逻辑

1. 在本体、客体和主体不同概念范畴下，自然环境、景观风貌和观景行为具有不同的定义属性。主观与客观的从属逻辑成为城市环境规划与景观设计中耐人寻味的话题。

2. 从技术层面讲，环境规划理应视为创新未来城市公共空间的必要途径，这种空间应能容纳和支持每一种生物的繁衍生息，包括植物、动物和人类。人类主体与自然本体的一体化思考似乎是约定俗成的基本原则。

3. 突破单一土地功能的传统规划思维模式，让一块土地在同一时期内具有多种用途，创建具有生存、生态、生活以及生产等多功能融合的公共空间模式，比如整合水利工程、交通走廊、动植物栖息地、生态休闲设施与产业灰空间等功能要素。

策略启发

纽约申办 2012 年奥运会规划设计竞赛中对于水上运动场馆的选址，不是像 2000 年悉尼奥运会把划船设施放到距离城市 30 千米或 50 千米以外，而是在市内寻找建设的地方。

通过大环境的统一治理和规划，在改变城市区域生态条件的同时，也考虑奥运结束之后，市民使用这些设施的便利性和环境景观的美学性。

问题延展

1. 如何解析"环境本体"与"景观客体"和"观景主体"的逻辑秩序？
2. 如何摆脱景观规划师对环境规划的狭义观景动机下的专业性束缚？
3. 如何在私人化与公共化双情态下考量城市空间设计？

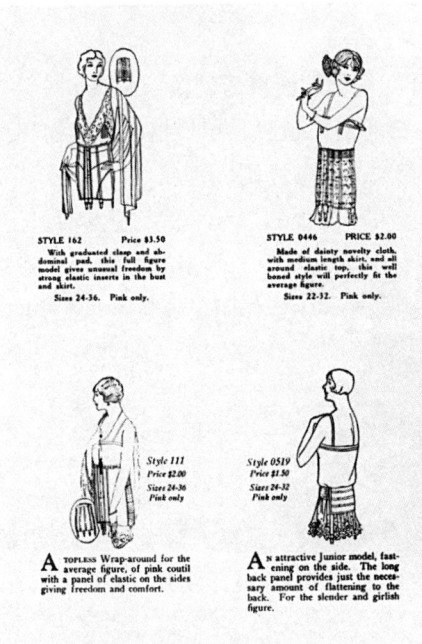

《The Future Out of the Past》
by Arthur W. Pearce
1964

文化新生态？

关键词：活态人文　永续声望

学术逻辑

1. 人们在一个地方，不仅希望看到自然风光，也希望通过当地居民的生活风貌，收获文明营养。深植传统，持续生长且原汁原味的人文生态，是城镇魅力的内在根本。

2. 历史原生文化的恢复、保护、传承，标签可鉴，使文化的来龙去脉有根可循。具有当下特色的新时代文化创生，也是城镇化历程中不可或缺的。

3. 文化与艺术涵养是创新的基础，理解和遵循人文生长规律，付诸时间心力栽培，方可声望持续。

策略启发

蛇形画廊坐落于伦敦中心肯辛顿花园（Kensington Garden），由大不列颠艺术委员会于 1970 年建立。每年夏天，蛇形画廊都要为募集艺术资金举办慈善派对，并在海德公园（Hyde Park）等公共空间搭建临时展馆以供使用。

2000 年起，画廊开始每年邀请不同世界级知名建筑师设计，并赋予创作上充分的自由。

蛇形画廊在探索现代人文活动和可持续运营上的创新实践，使其成为伦敦乃至世界备受关注的当代艺术活动之一。

问题延展

1. 如何营造城镇新文化的生态涵养体系？
2. 如何建立可持续、可赢利的文化空间经营机制？
3. 如何集合多元化的新生人文要素，形成特色凸显的地方个性？

《Cities》
by Lawrence Halprin
1963

交通空间的魔术?

关键词: 交通空间　功能复合

学术逻辑

1. 土地资源是非常稀缺的生产资料,以机动交通为导向的城市设计对土地的侵占,使城市的宜人尺度和居民活动受到损害。

2. 甄别功能已经既定的交通空间,充分利用每一寸土地,比如被荒废且滋生危险的高架桥底土地,开发复合性用途,是一个资源再生的设计策略。

3. 开启对交通空间复合功能的再设计,协同管理机制,为市民争取更多的公共资源与权利,能够为城市增添令人意想不到的魅力。

策略启发

城市空间的魔术再造不乏好的案例,在高架桥下建立一个迷你的篮球场、滑板场,为年轻人提供活力空间,并不鲜见。打开想象力,城市的高架桥下,它未尝不可以是一个系列的主题博物馆、涂鸦艺术馆,甚至统一改造为有生态功能的城市立体农场。

问题延展

1. 如何在保持通行效能前提下降低城镇机动车道路用地比例?
2. 如何增加城镇交通灰空间体系的功能弹性,寻求新产业契机?
3. 如何将都市农业有机嵌入都市绿化进行规划?

《The Shell Country Alphabet》
by Geoffrey Grigson
2009

野性之美?

关键词： 郊野美学　乡村风情

学术逻辑

1. 城市化在给人们提供更多物质便利的同时，也拉大了人与自然的距离，再加上城市紧张的工作生活节奏和日益恶化的环境状况，使回归自然、体验田园成为市民的一种渴望、甚至奢望。

2. 郊野美学以人的"诗意的栖居"为哲学旨归，将自然生态、田园生产、乡村生活等要素有机复合，契合了市民的内在需求，提升了自然美学的高度，并深刻影响到艺术审美和生活审美。

3. 郊野公园为郊野美学的具象化提供了载体，为市民重返自然、重味乡愁提供了友好交互，也为农村地区带来了全新的发展机会，将成为推进城乡一体化和新农村建设的有效手段。

策略启发

20 世纪 60 年代，随着城市的飞速发展，郊野旅游在英国成为一种自发趋势，但同时也带来一些破坏。为了保护乡村的特殊地位和环境质量，英国政府于 1966 年发布白皮书，呼吁建立郊野公园。英国郊野公园一般位于城市边缘的城乡过渡带，注重生物多样性、农业景观和乡村遗产的保护，通过社交活动来提升公众参与度。政府还通过景观标准和景观认证来规范郊野公园的建设和运营。目前，英国拥有全球最庞大、最完善的郊野公园网络，有效缓解了城市发展压力，也在很大程度上解决了乡村发展问题。

郊野公园建设不是单一的乡村问题，需要将城乡要素综合统筹，并注意与政府政策和标准规范相结合，增强其发展的可持续性。

问题延展

1. 如何从郊野美学原旨出发创新三生归一（生态，生产与生活）的美学范式体系？
2. 如何从郊野公园原型出发创新文质并重的景观设计观念？
3. 如何创造具有产业融合特色的新型乡村郊野风貌？

《What to do about Market Street》
by unknown author
1962

商业性格的成因？

关键词： 街市性格　旗舰项目

学术逻辑

1. 吸引人的街市，都有其鲜明的性格，能被言传。

2. 旗舰项目是街市活力的引擎，它是一个地标性的建筑空间？一个硬件优质的电影院线？一个国际品牌的大型百货？或是一个城市文化的功能载体？还是一系列有主题的特色美食？它们或许都是商业驱动的利器，但是否足以塑造街市性格？

3. 街市形成性格，是一个生存之上的诉求，商业驱动，文化反哺，需要时间、空间不同维度下的复合策略。

策略启发

Apple 专卖店为北京三里屯太古里带来的创新与时尚性格不容小觑，其中心位置和前广场的设置，成为众多街拍躲不过去的焦点，放大了其符号价值。

有性格的品牌、有性格的空间尺度与动线组织、遵循这些性格运营的商业文化活动，带动了整体商业的素质要求，共同构成了整个街市的鲜明性格，成为北京最先锋的商业文化代言。

问题延展

1. 如何规划可持续的街区特色文化要素系统？
2. 如何涵养商业旗舰项目与其他次生项目的生态关系？
3. 如何孕育城镇商业亚文化圈？

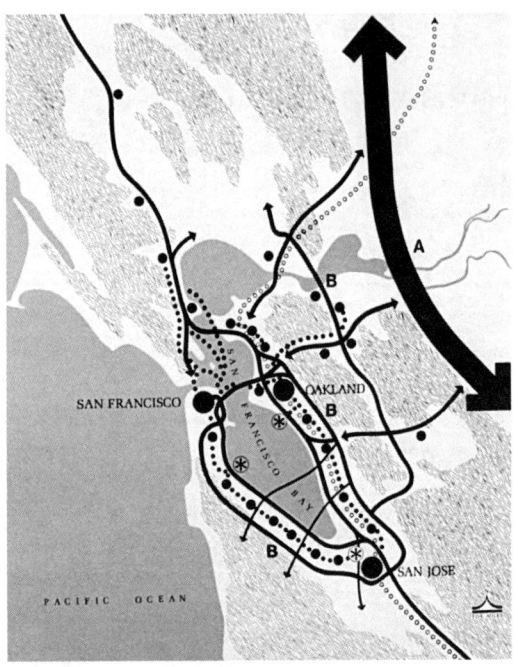

《The Comprehensive Plan: Transportation》
by SFO.Dept.of City planning
1971

关键走向?

关键词：经济地理　繁荣引擎

学术逻辑

1. 城镇化进程，开发者往往困惑于区域识别与经济策略如何因地制宜，以避免"成功"地复制导致区域之间过度竞争。

2. 最有代表性的"核心—周边"模型最先见于克鲁格曼（Paul R. Krugman）（1991）的研究，该模型展示外部条件原本相同的两个区域如何在通过报酬、人口、运输等多因素交互作用的情况下，演变出完全不同的生产结构。

3. 对"空间"问题产生兴趣，是对传统经济理论的弥补。合理且相互促进的经济活动的区位、分布和空间组织关系，是驱动经济繁荣的大策略。

策略启发

得益于反主流文化的激进、旧金山节制的发展规划以及开发的严格控制，旧金山30年来维持稳定的就业人口，城市与人才得以往外蔓延。

从葡萄酒名片的纳帕、到大学小镇伯克利、传统工业城市奥克兰以及硅谷崛起的圣何塞，形成整个旧金山湾区产业特质鲜明的经济项链，促成了今天整个湾区的成功。

问题延展

1. 如何在城镇生长中捕捉和吸纳源自原生生态圈的持续经济动因？

2. 如何在更宽广视野下营造"和而不同"的区域竞争力类型和共生关系？

3. 如何利用经济手段再造城镇地理新生态？

《The Shad are Running》
by Judith St George
1977

城镇如何生动？

关键词： 竞技体育　城镇营销

学术逻辑

1. 以体育盛事带动一方经济，奥运会是个范例，而有魅力的体育竞技项目，一旦与城镇形象画上等号，城镇识别与好感便更具持续的影响力。

2. 类似"环法自行车赛"，一年一次的法国旅游风光大片，已经超越城镇营销的范畴，成为国家象征，体育带动营销的魅力，可见一斑。

3. 城镇要以体育作为传播大使，应为竞技体育驱动城镇营销的契机做足准备，善用独特的资源禀赋，制定硬件空间与软件服务协同规划的创造性策略。

策略启发

如何通过先天的可塑性条件，导入竞技体育项目，进行城镇公共健身功能规划，使之快速成为健康明星之城。

比如，以马拉松全马长度的五彩塑胶跑道，串联起整个新城功能空间：社区、公园、医院、学校、商业……创造一个全民出了家门即可马上参与的马拉松城市，并成为一个拥有大地地貌鲜明识别的魅力之城。

问题延展

1. 如何因地制宜地最大化利用城镇生态空间规划宜人的健康廊道？
2. 如何博弈城镇竞争体育与非竞技体育的边际成本与边际效益？
3. 如何营造全天候、全空间和全价值的健康城镇评价标准？

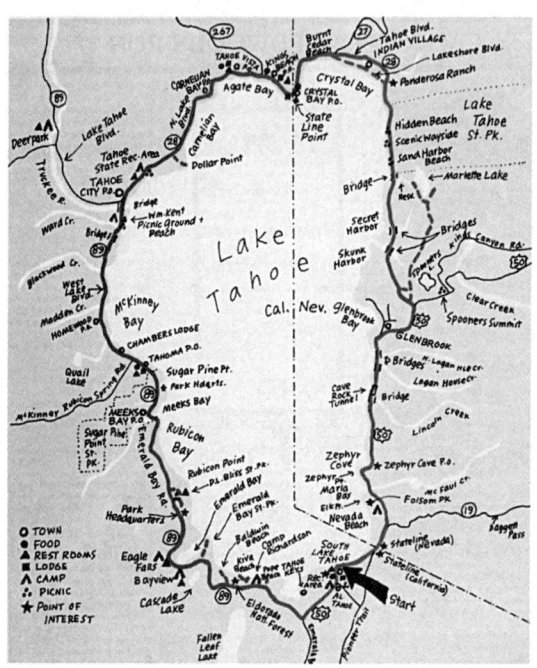

《The American Biking Atlas & Touring Guide》
by Sue Ellin Browder
1974

5A 级的生活？

关键词：景区标准　类型旅游

学术逻辑

1. 一般情形下，旅游被定义为人们到非常驻地的一种消费行为。而"游学"由于其具有盈利而非仅消费的特性，成为一种特殊的旅游类型。

2. 同理可证，在常驻地的出行消费，可否以盈利的旅游行为，启示、转化和改变传统旅游的观念、概念和类型，继而将传统意义的景区型态和定义的外延和标准进一步拓展。

3. 在区域、城镇、社区规划中，引入景区标准与类型旅游思维，以资源的自然和人文要素确立导览主题，对标景区分级，如以 5A、4A 标准的要求建设，将是改良城镇空间和服务标准、优化人居生活的创造性策略。

策略启发

三亚万科森林度假公园，作为一个普通居民社区，创制森林、度假、公园三项旅游标签，将对湿地、鸟类、植物的认识与保护，融于整个社区的导览体系之中，使整个社区成为生动有趣、外延丰富的见学场所。

自然保护的意识，更指引了社区景观美化的行为，甚至社区变电设备房，都披上了和森林景观一致的绿植外衣。

大生态观念，是致其更有意义的内在原因。

问题延展

1. 如何在城镇日常生活中植入类型旅游的观念？

2. 如何设计可持续盈利的旅游型态和产业链？

3. 如何借鉴景区评价标准和管理策略规划城镇和运营社区？

《More than an Opera House》
by Ava Hubble
1983

Archi-Neering Design?

关键词：建筑设计　工程技术

学术逻辑

1. 我们在谈到一个建筑时，聚光灯多映照在建筑设计师身上，实现建筑的工程师们，往往默默无闻。就像一部电影，我们记得更多的总是导演和演员……

2. 事实比我们想象的更要复杂。建筑如同编织，以技术为纵轴、以设计为横轴……这两条轴，也可认为是"实现力"和"想象力"。

3. 并不只有从想象到实现的单向进程，真实的历史也弥合着实现到想象的方向，只有 Archi-Neering Design——建筑设计与工程技术融合发展，才有让未来成为可能的可能。

策略启发

1956 年悉尼歌剧院国际竞赛，丹麦设计师约翰·伍重（Jorn Utzon）获胜的一刻，绝对没有想到这个设计 16 年以后才得以建成。

建筑设计引发一系列工程技术的实现难题以及不断超支的预算，伍重甚至到工程的一半而中途放弃。1973 年在伊丽莎白女王举办的盛大开馆仪式上，伍重落寞万分。

2004 年，也即开馆 30 年后，伍重获得普利兹克奖，悉尼歌剧院则在 2007 年成为世界遗产。

这是对想象力的认同，也是对实现力的表彰。

问题延展

1. 如何辨证理解建筑形式与功能的双向度，乃至多向度的互动关系？

2. 如何灵妙把握建筑艺术与技术之间的共生性？

3. 如何建立评判新建筑型态的综合价值标准？

《The New Agritourism: Hosting Community and Tourists on Your Farm》
by Barbara Berst Adams
2008

先天的姿色？

关键词：季节特质　旅游创新

学术逻辑

1. 季节性是全球旅游业的主要特征，长期以来一直困扰着旅游业发展。著名学者巴特勒（Butler）将旅游季节性从形态上分为单峰形、双（多）峰形和无峰形三种类型。

2. 自然条件和体制习俗是旅游季节性产生的两个基本因素。WTTC报告认为，中国特有的"黄金周"具有高度季节性，会对现有的旅游资源和基础设施带来越来越难以控制的压力。

3. 旅游季节性虽不能消除，但可以优化调整。从供求关系出发，其基本策略可归纳为增加、减少和重新分配需求，以及增加、减少和重新分配供应等六类。

策略启发

婺源石耳山脚下，坐落着曾因"晒秋"闻名遐迩的篁岭村。随着乡村旅游的兴起，油菜花逐渐成为婺源旅游的招牌，可惜时间很短，春季人满为患，其他季节门可罗雀。篁岭寻找到的解决方案着重于供给侧，挖掘数百年徽州民俗文化，开发四季旅游。

篁岭改造方向定位于打造婺源最具民俗特色文化影视村落、精品度假酒店和万亩梯田农业观光园，操作上通过市场手段解决村落产权收购和搬迁安置，通过"公司＋农户"合作社解决土地流转，最终巧妙地处理了保护与开发的矛盾。如今这里是都市世外桃源、文艺创作乐土，并成功入选"最美中国符号"。

深度研究旅游形态，巧妙配置产品策略，是呈现四季先天姿色和后天魅力的精彩途径。

问题延展

1. 如何在旅游规划中综合考虑季节性产生的积极和消极影响？

2. 如何通过运营手段调控旅游资源在时间上的供需弹性？

3. 如何通过挖掘季节后天特质进行旅游产品的创制和营销？

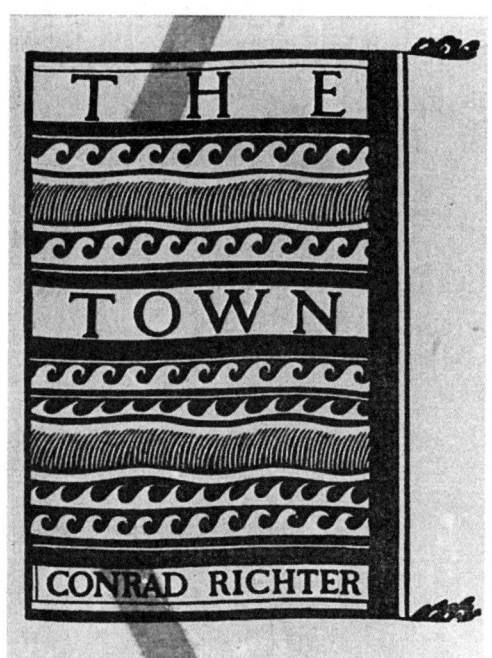

《The Town》
by Conrad Richter
1950

风水迷踪?

关键词：经验模式　风水科学

学术逻辑

1. 理性主义者正在普遍地将风水翻译为普世科学的解读，从物理学、生物学甚至人类基因等领域定量与定性的破除令人无所适从的迷信。

2. 科学未能普及之处，人们依然在千百年积累的经验中持续生存与发展。科学是种不断发展的阐释学，未能理解科学，生活中就未必没有符合科学规律的内容。

3. 人类生存本能动机下孕育的风水文化，已演化为经久不衰的历史文脉和经验原型，也将成为酝酿未来城镇新兴科技基质的重要来源。

策略启发

当人们在一起吃饭的时候，某些空间具有一种神秘的力量，使人们在这里进餐悠闲自得，在心灵上真正彼此接近。

这种神秘的力量是一个显性的事实：当桌子上方灯光均匀，感情的浓度也就随之消融，但当灯光柔和低垂，周围墙壁幽暗，使这一点光线照在人们的脸上，这顿饭立即非同一般。

问题延展

1. 如何从历史、科学和艺术的视野，研究传统风水中的思维模式和逻辑要领？

2. 如何在智慧城镇建设中借鉴风水文化以人为本的观念性与技术性要素？

3. 如何在跨专业视野下解析和建构风水文化体系中涵养的新知标准？

《Human Settlement》
by John R. Short
1992

聚落的原型与类型？

关键词：聚落型态　乡镇格局

学术逻辑

1. 聚落是人类最早创造的空间原型，一种延续至今的生存之道。人们聚居获得彼此的协助、身份的认同，形成原生性风俗习惯、语言形式、经济活动等个性识别的亚文化区域。

2. 多样化的聚落式生存方式深刻地塑造人类文化的多样性。城镇化的进程因为追求效率与规模，统一复制，个性侵蚀，忽略了聚落作为一种人类生存空间类型的智慧价值。

3. 城镇化应创造升华传统聚落的新价值，用聚落观念和策略把城镇划分为数量众多的、规模适宜的、个性迥异的亚文化区，创造富有魅力的、生活方式丰富多彩的新乡镇格局。

策略启发

为了保护各具特色的亚文化区，经过经济学和生态学论证，《建筑模式语言》提出了一系列城镇规划的量化指标，以指导政府制定分区与土地转让政策，刺激鼓励合理的城镇分布。

比如，百万人口的城镇应相距400公里，十万人口的城镇相距130公里，一万人口的城镇相距40公里，一千人口的城镇相距12公里。

问题延展

1. 如何用现代设计语言表述和转译传统聚落的文化内涵？
2. 如何在现代生活标准下创新聚落的类型？
3. 如何定义和孕育新城镇的聚落空间和聚落文化？

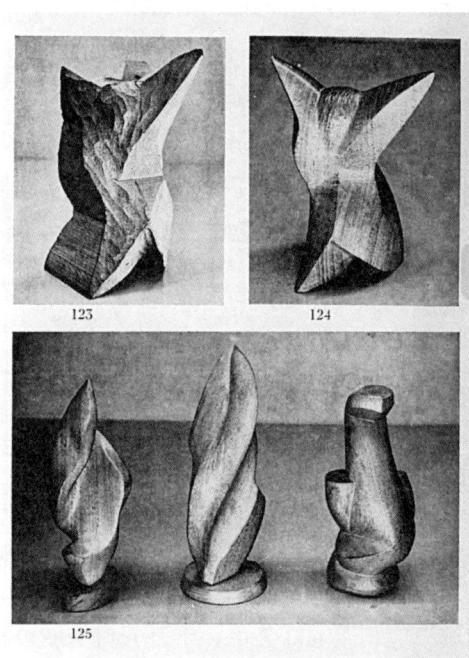

《The Creation of Sculpture》
by Jules Struppeck
1952

艺术为谁？

关键词： 决策情商　公共艺术

学术逻辑

1. 奇奇怪怪的建筑之前，奇奇怪怪的城市雕塑更为泛滥，因其抽象的可能性与形制的可塑性，往往成为政治家的个人意志产物。

2. 公共艺术是柔性城市功能、提升城市审美品质、甚至是城市思想呈现的重要手段，由于艺术情商的普遍缺失，公共艺术被民间智慧演绎为笑话的案例比比皆是。

3. 政治意志介入公共艺术已是常态，如何优升决策者的艺术洞察和理性抉择，实现公共艺术的原创性和时代性，俨然是一项城镇发展的新兴课题。

策略启发

公共艺术的决策是一个复杂的话题，有人认为公共艺术就是公民优先，但如果巴黎的决策者屈服于公众舆论，也不会有埃菲尔铁塔、卢浮宫前的玻璃金字塔以及蓬皮杜艺术中心。

让决策者参与艺术交流、培训，提升人文素养与决策情商，同时引入多方评鉴机制，达成从"谁来决策"转换为"以什么决策"的观念共识。

问题延展

1. 如何设计城镇公共艺术的创制逻辑和评价标准？
2. 如何权衡政治家、民众与艺术家之审美差异？
3. 如何理性涵养城镇公共艺术的原生态体系？

《Ryn，the Wild Horse》
by Bohumil Riha
1971

空间的防卫性？

关键词：空间类型　社区安全

学术逻辑

1．人们是各不相同的，在居住社区内选址的时候，会产生不同的趣向判断。

2．喜爱社区型和喜爱私密型的性格迥异，他们对安全的态度一致，但对安全的方式不尽相同。外向型认为熟悉就是安全，内向型觉得不为人所知就很踏实。当然还有处于中间状态的人士。

3．在每一邻里内规划大致等量的三种住宅，僻静的地方道路弯弯曲曲，热闹的地方从早到晚都有行人通过。这是一种基于不同社区安全心理创造的防卫空间类型。

策略启发

人们往往觉得汽车是危险的，于是建造造价不菲的地下停车场，以进行人车分流。

但大量的实践表明，在任何车辆与人完全隔离的地方，很少有那种生机盎然的情景。

适度的地面停车，社区道路以降速的方式让人车混合，保持社区一定程度动态的同时，为不喜欢地下停车场的人提供空间类型选择。

问题延展

1. 如何预置多层次的社区防卫空间型态？

2. 如何规划具有宽容度，也兼具领域感的社区公共空间体系？

3. 如何一劳永逸地设置有生态灾害适应性的城镇公共设施？

BY CHANGING A WINDOW OR DOOR YOU
CAN WALK RIGHT INTO A GREENHOUSE
ATTACHED TO THE LIVING STRUCTURE
—A PLACE TO ENJOY BREAKFAST OR
THE END-OF-DAY HOUR.

104

《Greenhousing for Purple Thumbs》
by D.X.Fenten
1976

人造微气候？

关键词：空间类型　微型气候

学术逻辑

1. 说来如此亲切，一点也不高深，纸扇、折扇、蒲扇，就是改变身体周边微型气候最聪明的工具。它环保节能、携带方便，小小的空气流动，让舒适易如反掌。

2. 大气候无法改变，但每一个小范围地域都有创造不同程度微气候的条件，它依赖方位、日照、风速、风向，利用土壤、植被、水资源、构筑物布局、材料甚至颜色，营造小空间气候。

3. 通过使用功能、空间属性的分类，化整为零，采取针对性的策略，创制不同类型的城镇微型气候系统，改良日常生活的幸福指数。

策略启发

南向阳光对北方冬季显得格外重要，但到夏天，日照又会令南向房间感到更加燥热。

根据空间条件，在南向空间中增设过渡中庭，设置鱼池、攀爬植物，并利用麦秸板制作的活动隔热墙，作为建筑的第二层皮肤，调节冬夏和日夜不同的负荷，形成一个可人工控制的生态气候核，改善房间内部的微型气候。

这一策略可以普遍地应用在多样化的住宅设计中。

问题延展

1. 人类如何被动适应而非主动改变气候变化？

2. 如何因地制宜和因时制宜地营造宜人的城镇微气候系统？

3. 如何利用非科技手段被动式、低成本改良微气候？

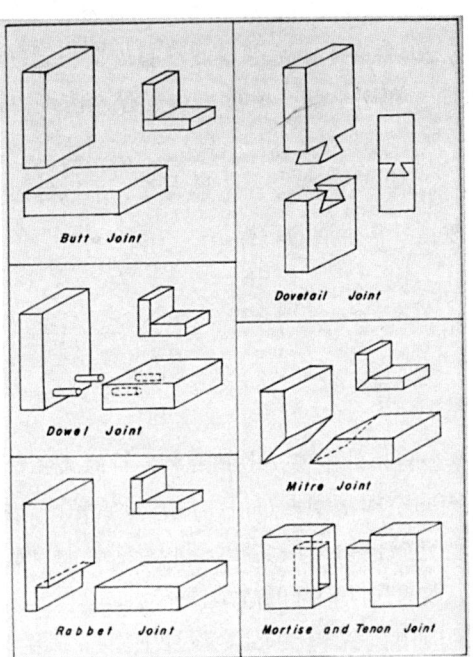

《Tools in Your Life》
by Irving Adler
1956

勇气和底气？

关键词： 跨界逻辑　方法革新

学术逻辑

1. 巴菲特（Warren E. Buffett）合伙人查理·芒格（Charlie Thomas Munger），形象比喻跨界思维是"锤子"，创新研究是"钉子"，"对于一个拿着锤子的人来说，所有的问题看起来都像一个钉子"。

2. 人们往往会强调自身专业的重要性，跨界打破了这种专业的藩篱，将社会看作一个整体，其最主要的目的是"借智"，从中获得思维更新与方法创新，最终回归知识的完整性。

3. 城镇化是一个全维度多要素的重大命题，政治、社会、文化、经济、生态、科学多价值驱动，不同价值优先将直接导致发展路径的多元化。跨界思维可以帮助对同一问题多维度考量，从而启发理性且革命性的系统解决方案。

策略启发

美国大学一个中等规模的城市与区域规划专业，大约由 10 位核心教职员工构成，其中三位是城市与区域规划专业博士学位，两位城市设计或建筑学博士学位，另外五位分别是法学、经济学、地理学、统计学和政治学博士学位。

不同学科背景的教师和交叉学科的学者，可提供对研究现象多元维度的启发，从教学观念和学科设置上引导学生多专业协同的跨界思维习性。

问题延展

1. 如何重新界定由专业导向跨专业后的思维边界和学术内涵？
2. 如何理性认知和奠定跨界所需的勇气和底气？
3. 如何设计跨界行为导致的新系统结构和效益评价模式？

35. *Landscape of the Campagna*

36. *Spring Landscape*

《Art in East and West》
by Benjamin Rowland
1963

东方、西方或地方？

关键词： 理想图景　中西观念

学术逻辑

1. 每一个城镇的创建和开发，其动机都指向"美好与理想"，但常常事与愿违。

2. 从古到今，人们都在不断地畅想和描摹人类生存环境的理想图景，最典型的莫过老子"甘其食，美其服，安其居，乐其俗"的"小国寡民"的祥和，以及柏拉图（Plato）哲学与理性观念下的城邦"理想国"——兼具正义和智慧。

3. 以经典、传统为镜鉴，融合中西观念，形成对理想图景的价值观，这应是开发者、设计者和管理者等新城镇营造者们的基本质素。

策略启发

《东西方的会和》这本书讲述了密斯·凡德罗（Ludwig Mies Van de Rohe）"少就是多"观念的重要成因。

密斯日常收集大量的东方书籍，包括老子和孔子，东方思想对其影响至深。

他设计的建筑作品，当然有"现代西方"的基因，但同时又呈现出一种超脱于西方建筑的气质：安静、内省与节制。

问题延展

1. 如何从古代和后代双重原点，鉴定现代的起点和重点？

2. 如何透视、吸收和运用东西方文脉，构建地方新文脉？

3. 如何建立更新标准，评价和引导全球化，现代化对城镇化的文化博弈？

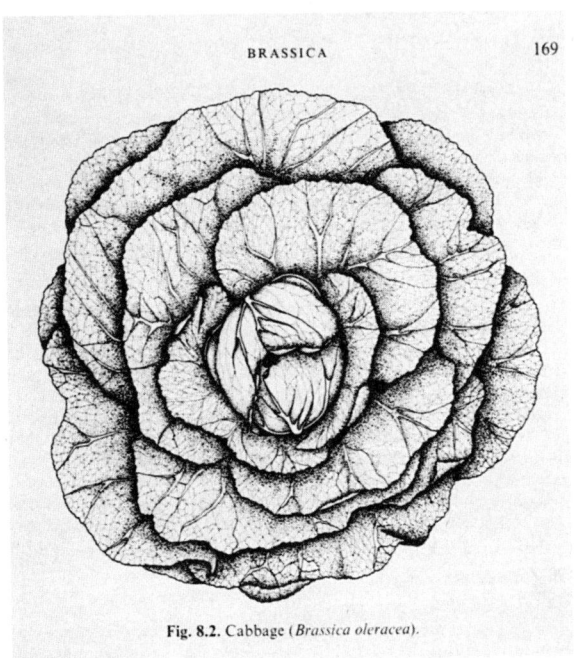

Fig. 8.2. Cabbage (*Brassica oleracea*).

《Agricultural Plants》
by R. H. M. Langer
1982

农业的维度？

关键词： 立体农业　立交农场

学术逻辑

1. "立体农业"由美国哥伦比亚大学 J.R.Smith 于 20 世纪初首次提出，同样来自哥伦比亚大学的 Dickson Despommier 在 20 世纪 90 年代又继续深化了"垂直农场"概念。它旨在充分利用空间，将不同生物种群共存、多层次配置、多级物质能量循环利用，而形成立体种植、立体养殖的农业经营模式。

2. 立体农业集约经营土地，体现出技术、劳力、物质、资金整体综合效益，缓解由于人口增长、气候变化、耕地减少、土地资源稀缺等带给农业的巨大压力。

3. 立交桥是城市交通疏解导向的基础设施，具有特殊的场地空间结构和可观的闲置用地，更具有突出的视觉聚集效果。利用立体农业的观念与技术，通过营造具有示范意义的城市立交农场和农业博物馆，立体展示未来农业风貌，将是一个兼具教育、生态与景观价值的城市新功能。

策略启发

伦敦桥长期以来都是商人和市民聚集并交易产品的地方。英国皇家建筑师学会特意举办了一项设计竞赛，希望建筑师们能够充分发挥想象，为伦敦桥设计一个新面貌。在这场想象竞赛中，Chetwood 建筑事务所设计的"伦敦桥垂直农场"一举夺魁。

在"伦敦桥垂直农场"方案中，伦敦桥是一个集农业、能源和商业等功能为一体的综合建筑，它包括一个大型有机垂直农场、太阳能动力尖顶和风力涡轮机组以及一个商业中心。在商业中心，有新鲜食品市场和零售区域。此外，还有一个与桥相连的码头，人们也可以在水上进行交易。

问题延展

1. 如何在价值维度上扩展农业发展的思维模式？
2. 如何利用城市交通闲置场地发展示范性都市农业？
3. 如何持续创新传统农业的概念定义和发展观念？

《Ethnic Sculpture》
by M.D.Mcleod
1985

人治、法治和礼治？

关键词：礼制原型　城镇管理

学术逻辑

1. "礼仪之大曰夏"的传承是构建华夏文明的基石，发乎情而止乎礼，礼完成了社会化分工的秩序改革。

2. "熟悉—亲密—信任—自由"是一种人性的美好发展，这是一种礼制形成的轨迹与礼制本身的价值写照。

3. 思考如何在强调法治的现代社会、建立在公民平等观念基础之上的现代文明中，融入礼制的智慧，创造有情有义、有礼有节的幸福城镇。

策略启发

引用费孝通先生《乡土中国》中的几句话：

"熟悉是从时间里、多方面、经常的接触中所发生的亲密的感觉。"

"在一个熟悉的社会中，我们会得到随心所欲而不逾规矩的自由。这和法律所保障的自由不同。规矩不是法律，规矩是'习'出来的礼俗。从俗即从心。换一句话说，社会和个人在这里通了家。"

新礼乐建制，因应深化改革而利用厚生，亦可成为未来城镇管理模式的循本之途。

问题延展

1. 如何在现代化进程中重新解读和借鉴古典儒家思想中的经典观念？

2. 如何从人性化角度检视现代法治体系中崇尚工具理性的价值基础？

3. 如何在城镇化管理体系中延承和融汇传统礼治思想？

《I Opened the Gate，Laughing》
by Mayumi Oda
2002

绿色的观念？

关键词： 绿色建筑　生态文明

学术逻辑

1. 绿色建筑是指在建筑的全寿命周期内，最大限度节约资源，节地、节能、节水、节材、保护环境和减少污染，提供健康适用、高效使用，与自然和谐共生的建筑。

2. 它不仅是人类为了应对生态恶化而迫不得已采取的技术手段，更是一种面向未来的生态文明观念。

3. 北欧的经验证明，市民的绿色生活习性和科学的绿色规划与设计方法是建设绿色城市的两大基础。

策略启发

天友是一家建筑设计机构，他们将自己位于天津开发区一座 5600 平方米的旧厂房，采用低成本绿色建筑技术集成方法，改建为一座符合中国国家三星级绿建标准的绿色设计中心。

除了货真价实的节能效能与健康舒适的办公空间，这个中心还将绿色设计方法与动态运行效能，通过现场展示系统直观地呈现于公众。企业已然成为一个生态文明的探索者、践行者与传播者。

问题延展

1. 如何建立低成本、低科技、高效能的绿色规划方法？

2. 如何引导民众形成可持续的绿色生活方式？

3. 如何借鉴本土传统智慧，形成因地制宜的地方绿色观念和应用范式？

《Watersheds: A Practical Handbook for Healthy Water》
by Clive Dobson & Gregor Beck
1999

羊毛出在羊身上?

关键词： 流域生态　补偿机制

学术逻辑

1. 上善若水。河流滋养万物，将各种生态要素有效组织在一起，形成完整的生态系统。上游是生态系统服务生产源区，清洁的空气、干净的水在这里产生，再到下游区域释放，孕育了发达的农耕和城市文明。

2. 上游不仅与下游存在经济落差，还需要为改善生态服务功能付出额外的保护与建设成本，甚至为此牺牲发展机会。下游作为受惠一方，需要通过各种形式反哺上游，即生态补偿机制。

3. 在不同经济发展阶段，由于经济外部性，下游城市发展长期无偿或低价享受着上游提供的生态服务，上游优质的生态资源投入与维护成本的全域平衡补偿是值得跨区域空间规划研究的重要课题。

策略启发

纽约 90% 的饮用水来自于 200 公里外的特拉华州上游地区，那里有 7.7 万人和 350 多个奶牛场，对城市水质造成了严重威胁。

1992 年纽约市政府与当地居民达成生态补偿协议。协议规定，采用最佳生产模式（不破坏水源水质）的奶农和森林经营者可以获得 400 万美元的补偿金，而这些钱足以弥补他们的额外生产成本；同时，市政府还向改进污水处理厂、供水设备和大坝的人支付 4.7 亿美元的补偿。这一自愿参加的协议较好地考虑了水源保护者的利益，超过 85% 的农民和水源环境相关方参加该计划并领取了补偿金，使该计划取得了全面成功。

发展才是保护的最佳手段。只有用发展理念合理配置各种经济要素，生态补偿才能成为区域协同的可持续内生机制。

问题延展

1. 如何在区域规划中统筹平衡生态流域上下游之间的跨区域生态需求与供给机制？

2. 如何通过多样化手段形成全维度价值最大化原则下的生态评价模式？

3. 如何通过创新观念引导大生态流域的自然保护、经济发展与文化再生？

《Creative Illustration Book 1990》
by Creative black book
1989

低成本的以人为本？

关键词： 绿色律令　设计伦理

学术逻辑

1. 美国著名城市规划理论家刘易斯·芒福德（Lewis Mumford）说："现今，名副其实的思想一定是生态学的。"

2. 今天的设计师似乎并不习惯像"社会责任"这样的词，或许也不会向自己提问："我的工作对环境会产生什么影响？""我的设计会有效地帮助环境可持续？"，而只局限于"我怎么才能让他与众不同"。

3. 设计师应具备更高的才能要求——有预见设计介入环境、生态、经济和政治后果的智慧。设计师应该认识到，拙劣手艺浪费资源，没有任何设计是独立存在的。

策略启发

"如果你设计一个邻里运动场，也别忘了洗衣机。"这是一句来自《东西如何不起作用了》之中的箴言。

设计师为社区设计了一个漂亮的运动场，但孩子并不在里面玩。究其原因，原来很多母亲不愿意让自己的孩子在没有监护的情况下去那里玩。设计的改良是，在运动场中间造出了一块高地，在上面建了一个温室，里面放了四部二手洗衣机和一部烘干机。母亲开始聚集于此洗衣，同时可以照看孩子。

不久，这里还发展成了其他活动的中心，温室闲谈小组已经变成了一个活跃的女性集会。

问题延展

1. 如何将"社会责任"与"社会义务"转译为具有普遍意义的设计方法？

2. 如何解读"绿色伦理"与"绿色道德"？

3. 如何以低生态成本实现以人为本？

《Japanese Festivals 》
by Helen Bauer
1965

庙会之妙？

关键词： 庙会经济　城镇文化

学术逻辑

1. 庙会是中国的市集形式之一。庙会迎合了人们在喜庆气氛中的消费冲动，是春节假日经济的重要力量。

2. 庙会本身也是塑造地方文化识别性的契机，但"逛庙会就是图个乐儿"的观念，在"门票＋摊位租金"简单的赢利动机下，过分注重聚集的商业价值，在如何表达地方文化特质方面，常有疏略。

3. 经由庙会这一传统习俗载体，有意识地开展城镇新文化创造，呈现更加多元、现代和特色的庙会文化，提升传统节庆活动的创新价值，催生地方新兴文化，丰富民众生活。

策略启发

2010 年的大年初一，恰逢西方情人节，大观园庙会应时应景创意推出了红楼情景剧《情榜结缘》，被评为当年最有创意的庙会。

大观园庙会每年针对性地推出庙会主题，以"名著园"造就的文化遗产为依托，让红楼寻梦者在逛庙会的过程当中，体验文学名著被幻化成的真情实景。同时加入有文化含量的文创互动产品，也提升了庙会的文化品格，比如游客可以亲手尝试印制《红楼梦》木版年画等。

大观园庙会因其鲜明的文化特质，成为每年春节京城庙会的大亮点。

问题延展

1. 如何在新城镇空间推陈出新地延续和呈现传统庙会习俗和风貌？

2. 如何赋予民族性传统文化以跨文化因素？

3. 如何重塑和再造具有经典文化意义的新文化？

《Folk Hearts》
by Cynthia V.A. Schaffner
1984

幸福的民间？

关键词：民间艺术　幸福生活

学术逻辑

1. 民间艺术是人们为满足自己的生活和审美需求而创造的艺术，一年中的四时八节等岁时节令、从出生到死亡的人生礼仪、衣食住行的日常生活中都有民间艺术的陪伴。

2. 它是历时千年生成的文化基因，是从古到今人们重要的精神生活构成，与幸福感密不可分。

3. 民间艺术植入城镇公共环境与日常生活，在贮存与传承文化的同时，提升了地方识别。

策略启发

中国台湾《汉声》杂志从 20 世纪 70 年代开始，一直致力于收集和整理中国传统民间文化，在全球出版和发行。近半个世纪以来《汉声》完成了数量庞大的民间文化专题的研究和出版，持续构建一个系统完善、要素全面的"中华传统民间文化基因库"。

中国人传统生活中的幸福滋味，通过《汉声》挖掘的民间艺术，得以淋漓尽致地呈现。

问题延展

1. 如何在现代性背景下延承民间艺术的新生命？
2. 如何将民间艺术要素在定性与定量双维度下转译为幸福生活度量？
3. 如何适宜地在新城镇开发中预置民间艺术基因的多样态载体？

MAGIC CIRCLE
The magic circle, drawn around the sorcerer, symbolized the boundary that separated the demon from the magician. Within the circumference of the circle were inscribed various cryptic formulas and figures. In the illustration the necromancer is invoking spirits.
(XVI century MS.)

British Museum, London.

《Treasury of Witchcraft》
by Harry Ezekiel Wedeck
1961

学术、艺术、技术、心术与巫术？

关键词： 民间巫术　人文创新

学术逻辑

1. 巫术是人类文明发展史中最早出现的文化现象之一。世界各地学者对巫术的研究成果，成为宗教、艺术、科学、医学等众多学术领域颇有价值的历史文献。英国著名人类学家和民俗学家詹姆斯·乔治·弗雷泽（James George Frazer）在他的论著《金枝》中认为："相信人可以利用外在力量为自己造福的巫术信仰和巫术活动，早于宗教"，"巫术与科学在认识世界的概念上都认定事件的演替是完全有规律的和肯定的"。

2. 法国人类学者李维史陀（Claude Lévi-Strauss）认为："巫术是正常思维在尽力理解它所面对的宇宙，在无法掌握它时所产生的思维及解释，以充实不足的现实。"而在这个过程中，巫术作为一种活动，孕育了艺术这个工具和载体，人类最初的艺术只是适应巫术活动的需要而产生，并由此演化为人类发展进程中不能缺损的审美文化。考古研究证明，汉字中的巫、舞、武三字同源，如出一辙。

3. 如何通过学术、艺术与技术的创新思维，而非不明事理的浅薄与排斥，充分解读民间巫术的文化要髓和生发逻辑，使之成为未来城镇人文的知识和智慧源泉。

策略启发

在墨西哥四年级小学生的《公民知识》课本上，"亡灵节"被列为墨西哥最重要的传统节日之一。孩子们从课本上知道："11月2日的亡灵节是我们为那些已经不和我们在一起的人举行的节日。这不是一个悲伤的节日，相反，而是一个充满色彩的节日；人们用食品和其他东西为死者布置祭坛；在公墓里弹奏音乐，并且写一些'骷髅'诗互相取笑。在节日里，无论男女老幼，都可以戴着面具，穿上印着白骨的鬼怪衣服。这是西班牙殖民时代以前就有的印第安习俗、印第安文化；阿兹特加人就是这样庆祝的。"

墨西哥人总是愿意把他们所继承的古老的文明、文化作为民族的特性，来区别于他们和其他的西方国家。

2015年，世界上首家巫术咖啡馆在泰国曼谷开业，该店不仅为顾客提供蛋糕、咖啡、饮料，最重要的是，还售卖魔法杖、水晶、香料、爱的咒语和更强大的巫术。

店主瓦恩·坤宋说，他是为了集结曼谷对巫术的崇拜者才开的此店。他提供的超自然服务小到爱的咒语，大到驱魔，他用声音疗法如音叉、颂钵，甚至火来唤出邪恶的灵魂，成为当地一处特色鲜明的人文旅游体验地。

问题延展

1. 如何在"温故"的充要前提下，开启"维新"、"知新"与"创新"？
2. 如何从历史和艺术的维度，重新审视创新的思维逻辑和评价标准？
3. 如何从科学的视野评价巫术？

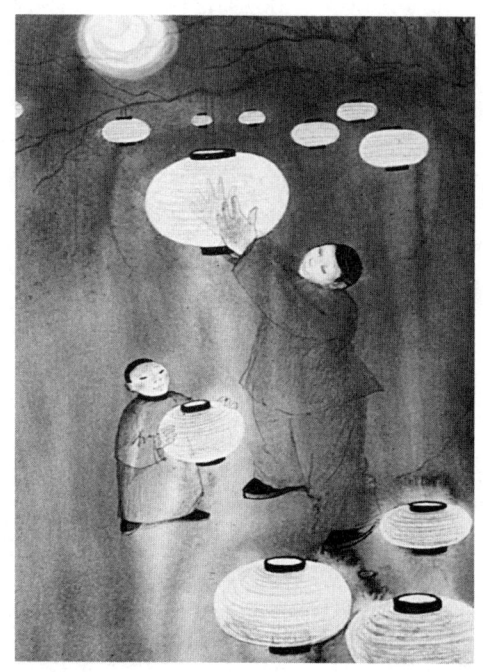

《Festivals》
by Ruth Manning-Sanders
1985

风物般的节日?

关键词： 民俗节庆　城镇热点

学术逻辑

1. 民俗节庆是历史文化的组成部分，也成为人们丰富精彩社会生活的缘起。

2. 特色鲜明，更具仪式感的民俗活动，能极大增加城镇的地方识别性、族群凝聚力和社区自豪感。

3. 历史原生与现代原创的民俗节庆活动，都将是塑造城镇持续活力与恒久魅力的朴素方法。

策略启发

节庆已成为美国圣查尔斯新城（St. Charles）居民生活方式的一部分，给人留下深刻印象。

活动非常生活化，同时具有公共性、地方性的鲜明特征。从2004年新城镇建立以来，一群人和一种城镇观念，日复一日地把它转化为每年固定的城镇节目。

传统的万圣节、复活节、圣诞节、国庆节之外，城镇居民根据自己的喜好，创意性地发展了类似宠物节、铁人三项、小丑节、赶鸭子节等主题鲜明的地方节日，连垃圾清理日都被做成了一个城镇的公共节日。

幸福城市就在这样一种气氛中，年复一年地形成。

问题延展

1. 如何发现和传承具有本土文脉价值的公共节日？

2. 如何创新具有时代特征的城镇节庆活动？

3. 如何利用现代手法跨地域传播城镇节庆文化？

《Moonbeams, Dumplings & Dragon Boats》
by Nina Simonds & Leslie Swartz
2002

新国风？

关键词： 民俗风尚　国家礼仪

学术逻辑

1. 民俗文化是指一个国家、民族或地区的民众在长期生产实践和社会生活中逐渐形成并世代传承的较为稳定的文化现象，具体形式包括民间文学、音乐、舞蹈、戏剧、杂技、美术、手工艺、医药、风俗习惯等。

2. 从近年来活跃于坊间乡野的民俗热，到频繁作为国礼相赠的民间工艺品，民俗文化已经成为一种文化新风尚。这种新风尚强化了民族认同，提升了民族自信，活跃了民族交流，体现了全球一体化趋势下的差异化诉求。

3. 民俗文化是民族的形象识别系统要素，是国家核心文化竞争力的重要组成。目前中国已经建立了国家、省、市、县四级非物质文化遗产名录体系，并有 30 项民俗列入联合国人类非物质文化遗产代表作名录。

策略启发

2014 年 11 月，亚太经合组织（APEC）第 22 次领导人非正式会议在北京怀柔雁栖湖举行。会议将民俗文化进行集成包装，作为国家形象对外展示。场馆建筑群融合了中国古典建筑元素，北京漆雕"百草屏风"作为主位屏风，40 件景泰蓝作品和 30 余件景德镇瓷器陈列各处。会场紧邻的"雁栖不夜谷"民俗村也进行了系统升级改造，"京郊民俗旅游第一号"农家乐被定为 APEC 外国政要定点参观访问地点之一。会议结束后，各地游客蜂拥而至，争相体验，旅游收入比往年同期翻了一番。

越是民族的，就越是世界的。借助于日益频繁的国际交流，民俗文化将迎来巨大的发展机遇和创新可能，在民族文化价值重构和国家文化品牌输出中发挥重要作用。

问题延展

1. 如何将丰富的民俗文化演绎为城镇规划体系的基本语言？
2. 如何在原生态民俗基础上进行新文化产业链与产品链的开发？
3. 如何将民俗文化进行跨文化交流与输出？

《Land Navigation Handbook》
by W. S. Kals
1983

目的地商业？

关键词：目的消费　时空效应

学术逻辑

1. 有调查显示，在商场购物方式中，13% 的人是进去前决定消费，87% 的人是逛商场的时候临时起意消费。前者即是目的性消费，消费行为由预先设定的目的来指导，不受随机情况、感情状态的影响。

2. 增加目的性消费比例，创造差异价值与独特魅力，是提升商业综合价值的根本目标。这对业态组合、资源引进、建筑与空间设计和运营水平等提出了更高的要求。

3. 时间和空间是人类感知世界的两种直观形式。如何通过错位与创新原则，克服和消解物理距离与心理距离对消费者出行的不利影响，塑造具有超时空磁性的目的地商业型态，是新兴城镇发展的特殊策略。

策略启发

迪拜（Dubai）滑雪场是一座独特的雪山主题公园，对于许多居住在热带沙漠地区的阿拉伯人来说，这个用 6000 吨雪建造的滑雪场，使他们在家门口体验到冰雪的清凉和滑雪的乐趣。它也因此成为人们趋之若鹜的旅游度假胜地。

这个世界最大的室内滑雪场，耗资近 3 亿美元，面积相当于 3 个足球场，可容纳1500 人同时滑雪。在夏季平均气温高达 40 摄氏度以上的迪拜，这是采用反季节策略创造目的性消费的极致案例。

闻名全球的三星级米其林餐厅评价标准中写道：独特的餐食品质，优雅环境和服务，值得乘飞机前往。

问题延展

1. 如何定义目的地商业概念内涵和外延？
2. 如何制定目的地商业的评价标准？
3. 如何考量未来商业业态与城镇功能的契合与共生？

《The Moffat Museum》
by Eleanor Estes
1983

Agri-Urbanism?

关键词：农业动机　城镇生态

学术逻辑

1. 绿化率、绿化带、城市公园、社区花园、屋顶绿化等是城镇规划的基本生态策略。面积可观的绿化空间成为城镇微气候调节、空间美化的基础。

2. 城市应提供保障居民生存需要的基本条件，借助生态、生产和生活等技术的系统更新，实现未来城市自给自足的朴素理想。

3. 将农业作为生态要素植入城镇绿化系统，在产业机制下衍生为城镇新景观，催生新生态效能体系，进而在环境保护、交通运输、生态教育和文化创新等方面给城市带来可观的边际价值。

策略启发

2015年威尼斯双年展主题"Agri-Urbanism农业城市主义"提倡尽可能挖掘城市空间进行农业生产的置换。

城市与社区公共绿地，可以演化为社区农场与花园，将土地打包，分配于经营集体或个体家庭用于蔬菜、水果与花卉种植。

而庭院花园、厨房花园、屋顶花园、阳台花园、容器花园、窗槛花园，可以把不同类型的建筑空间，无所不用其极地改造为被农业包裹的生态建筑，并成为日常视觉体验的部分。

问题延展

1. 如何将传统农业要素政策性纳入城镇生态空间体系，鼓励建设全空间渗透的都市农业产业链？

2. 如何建制包括农业产业的都市新产业效能评价标准？

3. 如何鼓励传统物业管理引入居民共同营造的复合型社区农庄？

Figure 7.21

Selected crop circles of 1999.

《Secrets in the Fields》
by Freddy Silva
2002

变废为宝?

关键词: 弃物循环　建筑永生

学术逻辑

1. 过剩生产和超常消费,大量废弃物对环境和人类未来健康生活产生不利影响。城镇化高速进程、拆旧造新、建筑废弃物尤为突出。现实当中,标准不高、材料低劣、功能下降以及伴随发展用途变化、短命建筑丛生。

2. 建筑废弃物中的钢材、混凝土块、建筑废木料、建筑污泥、建筑残土,都是可再资源化的产物,"分开是资源,混杂变垃圾",如果不能合理分类,最后都以垃圾处理场为归宿。

3. 以循环型社会的"5R"理念:减量化(Reduce)、再利用(Reuse)、再循环(Recycle)、记忆(Remember)和尊重(Respect)为原则,制定建筑再利用推进计划以及相关法规(建筑循环法),提高建筑副产物的再利用率,使建筑得到永生。

策略启发

《建筑垃圾资源化产业发展报告(2014年度)》中数据显示,中国每年建筑垃圾的排放总量约为15.5亿吨~24亿吨之间,占城市垃圾的比例约为40%。经估算,如果这些建筑垃圾能够转化为生态建材,可以创造价值1万亿元。

德国是可资借鉴的榜样。在德国,有25万人在垃圾处理部门工作,营业额超过500亿欧元,其重视动因源自《循环经济与废弃物管理法》的制定,生产商和分销商在设计产品时必须考虑到能够降低垃圾产生率,并易于回收和处理;落实地方政府为处理建筑垃圾的责任主体,行使有效监管,专注于建筑垃圾的循环利用。

问题延展

1. 如何在全生命价值观念下建立建筑材料循环利用机制?
2. 如何引导和建立创新与守旧不同情态下的审美意识和标准?
3. 如何在艺术与技术结合的法则下建立再设计逻辑?

The little tree.
growing out of the square of dirt
in the sidewalk.
drops no more leaves.

《The Good Rain》
by Goudey, Alce E.
1950

反热岛空间？

关键词：气流规划　冷静空间

学术逻辑

1. 关于城市"热岛效应"的描述，其实早在宋朝，诗人陆游就已在诗文"城市尚余三伏热，秋光先到野人家"中体现了这种现象。现代化城市进程、建筑群密集、硬质化地面、空调能耗、生态植被破坏等，均是热岛效应产生的原因。

2. "热岛效应"的影响下，不仅导致城市夏季炙烤，城市上空的云、雾会增加，使有害气体、烟尘在市区上空累积，形成大气污染。严重的城市热岛效应不但影响了人们正常的生活和工作，还成为城市发展的制约因素。

3. 减少高能耗生产和生活方式，是抑制城市气温上升的重要手段。以自然舒适为目标，通过空间形态、气流廊道、原生绿色体系、低碳出行、反辐射界面等被、主动式设计原则，对热岛效应进行综合治理，城市才能得以真正的宜居。

策略启发

热岛效应与建筑密度、空间密闭性和绿色空间等城市整体规划密切相关。针对这一城市气候问题，法兰克福因受到宪法保护的城市绿带规划，被联合国表彰为可持续城市发展的最佳实践。

法兰克福主导风向为西南风或东北风，新鲜空气来自 Taunus 山坡及 Wetterau 地区，并以美因河和 Nidda 河作为这些新鲜空气的流通廊道；绿带内北侧的开阔空间和草甸也会产生冷空气团；南部的城市林地可以产生新鲜空气并净化尘埃。随着放射绿楔的建立，这些新鲜空气和冷空气的产生地将组成网络，促进气体流通，进而改善城市中心区的通风和降温能力。

除此之外，德国法兰克福在 20 世纪 70 年代，就制定了"郊外停车场和市内公交换乘制"，在这一系统管理下，郊外设置免费停车场，禁止将车开进市区，鼓励进城者凭通用月票换乘公交，成功压缩了市内交通流量。

问题延展

1. 如何在起源点减少城市热排放？
2. 如何在气流静止状态下预测和研制"反热岛策略"？
3. 如何创造城镇全被动、低能耗空间体系？

A tessellation design fills a space with no gaps.
This print is by artist M.C. Escher.

《Exploring Science Through Art》
by Phyllis Katz
1990

危机？契机？动机？

关键词： 气候变化　契机衍化

学术逻辑

1. 研究表明，过去100年，地球大气层中二氧化碳的浓度从279ppm（ppm：每100万个分子有1个二氧化碳分子）增长到375ppm。积极应对与遏制由此带来的全球变暖、气候恶化，已成全球共识共责。

2. 降低能耗、减少二氧化碳排放——到2020年，中国将在2005年的基础上，单位GDP碳排放强度降低40%～45%——已作为约束性指标纳入国民经济和社会发展的总体规划。

3. 抓住应对气候变化的契机，调整产业结构，把发展新能源、新技术、新材料作为转变经济发展方式的重要抓手，这是面向未来的全球共识和国家战略，也是引导城镇进入清洁发展模式的必经之路。

策略启发

气候变化资本集团（简称CCC），是一家特殊的商业银行，致力于开拓全球向低碳经济转移所产生的商机。CCC认识到，为阻止全球变暖而战，既是势在必行，也是经济机遇。

CCC以全球为基础，为众多的低碳活动项目提供建议、筹集并配置资本，其中包括为英国的可再生能源设施融资，在印度和中国参与导致温室效应的工业废气处理项目，为欧洲和美国的私有股权基金和碳密集型产业提供收购和撤资战略咨询建议等。

CCC的将危机衍化为契机的经营活动，为全球清洁发展提供支持，在对外创造环境价值的同时，也为企业创造出可观的经济价值和文化价值。

问题延展

1. 如何在应对气候变化动机之下，形成"气候智能型"城镇规划思维？

2. 如何认知和设计气候危机与发展契机之间的内在逻辑？

3. 如何建立多专业协同的城镇清洁生活发展模式？

《The Biggest Nose》
by Kathy Caple
1985

用鼻子做设计?

关键词: 气息设计　场所品味

学术逻辑

　　1. 很多人都在思考如何在视觉元素上改进场所的设计,但只有很少的人会考虑到场所的气味。当我们开始认真考虑气味的时候,通常是一个贬义词,只有当闻到不舒服的味道时,我们才把它当作一个问题去解决。

　　2. 气味比人们想象中更加多样化,想象一下你闻到好闻的气味时的情不自禁,即可意识到我们平时是如何忽略气味,忽略其在生活中起到的正面作用。德国的商业街道规划经验告诉我们,4~6米的街巷宽度可以让新鲜诱人的面包、咖啡的香气有效弥漫,使游人驻足流连。

　　3. 科学而严谨对待气味对于人们在态度和健康上的巨大影响,将气味纳入空间设计,是一个能够大幅提升场所品味、彰显地方气质的学术课题。

策略启发

　　剑桥大学和雅虎公司的研究院,在伦敦和巴塞罗那,创建了该地区的"城市气味地图"。

　　研究员首先在全球志愿者的帮助下创建了一个"气味字典",要求成为志愿者的当地居民去执行"闻味步行"任务。志愿者到处行走,道路、公园、社区、商业中心……分辨和记录他们所闻到的气味;研究员依据提及频率提取相关词语编辑成气味字典,然后利用所挖掘的数据形象化的填充地图。

　　其核心目的,是唤起城市居民对气味的重视,同时呼吁城市规划师在做规划时善用自己的鼻子。

问题延展

1. 如何将气味规划纳入专项城镇规划内容?

2. 如何善用自然要素,设计具有健康功效的香氛公园?

3. 如何营造具有地方特色的城镇气息系统?

《Aesthetics a Critical Anthology》
by George Dickie
1971

美从何来？

关键词： 情感基因　视觉美学

学术逻辑

1. 爱美之心，大众需求；外表直观，城镇化建设的最好抓手；好看，就是一个幸福生活指标。

2. 问题来了，什么是好看？判定观感美丑与否普遍认定是美学原则确定，深藏于其中的情感被有意无意地忽略。于是开发带来的结果，我们看到美学的引进，却无法领略生命的繁盛。

3. 观感、美感与情感，后者与前二者其实在生活中并不常在同一语境中，如何基于对情感的理解与洞察，审视与反思好看的潮流；从情感因素，形成客观标准，导入城镇规划，是否会对美的评价带来新的启发。

策略启发

《幸福的建筑》是英国作家阿兰·德波顿（Alain de Botton）富有魅力的作品，以情感的角度，审视了一个我们看似熟悉，其实颇为陌生的主题：物质的建筑与我们的幸福之间的关系。

"我们对脚下的土地负有义务，我们建造的房屋决不能劣于它们取代的那片处女地。我们对树木和小虫子负有义务，我们用以覆盖了它们的建筑一定要成为最高等而且最睿智的种种幸福的许诺。"

"在这样的场景中，我们就能接近一种诚实又富有生机的精神状况。我们会觉得内心得到了解放。我们终于能够在一种深刻的意义上讲——回家了。"

问题延展

1. 如何透视情感与美学之间的内在逻辑？
2. 如何界定非视觉化的城镇美学要素？
3. 无形情感如何转化为城镇的有形美感？

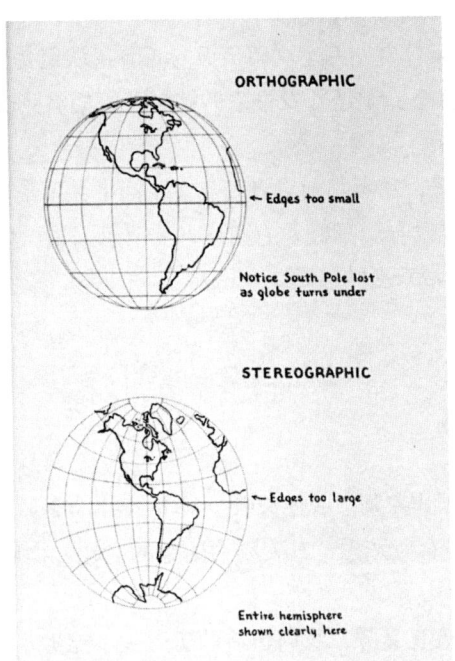

《Maps Mean Adventure》
by Christie McFall
1961

大同小异的天下？

关键词： 全球化　区域化　本地化

学术逻辑

1. 全球化作为一种人类社会发展的现象过程，全球联系不断增强，国与国之间在政治、经济贸易上互相依存，世界被压缩为一个整体。

2. 全球化导致地理行政属性的消失，但由于外部生态环境的保护要求，以及地方性政治和文化因素的日趋增长等新社会因素，伦敦、纽约、北京……模糊和超越了国家界限，城市化带动了区域性的发展及其识别性，也许对全球化在文化上的同质化趋向起到一定程度的抑制作用。

3. 利用全球化契机，加速信息流动，减少区域性技术落差，同时维养地方文化以及价值观的多样性，使各种文化得以融合并创新，也是本地化取长避短、有机生长的发展策略。

策略启发

全球经济问题研究专家阿兰·鲁格曼（Alan Rugman）在自己的著作《全球化的终结》中表述，人们所谓的"全球化"，不过是由美国、欧盟、日本三大经济巨人主导下的超级跨国公司的"全球化经营"。而以跨国公司为龙头的经济全球化，正在使世界发生某种"文化杂化"，这一趋势使得文化本身不仅越发显现大众文化的同质化面貌，而且也使得原有的各种特异地域性文化越来越"非本地化"。

阿兰·鲁格曼因此做出提醒："思维区域化，行动本地化，忘掉全球化"。

问题延展

1. 如何建立全球化趋势下的地方化思维和发展机制？

2. 如何以地方化策略辨证迎合和引导全球化？

3. 如何在创新思维下重塑地方发展的空间边界、时间节奏与价值维度？

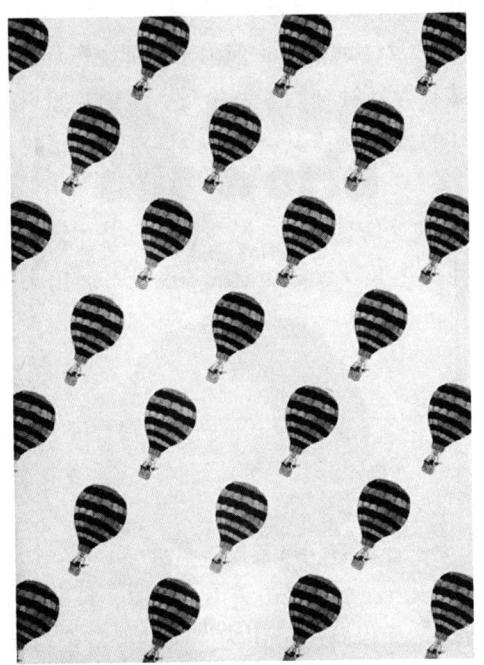

《Our Globe，Our World》
by Kate Petty
1993

反磁力移民？

关键词： 人口基数　产业移民

学术逻辑

1. 人口数量，是城市发展的决定性因素。1776 年亚当·斯密（Adam Smith）在《国富论》中指出："一国的繁荣而言，最明确的标识是居民人数的增加。"研究表明，保证一个地区的人口规模达到一定人口基数，城市的运营效率才能得以充分保障与发挥。

2. 以人为核心的新型城镇化，人口数量将经历从无到有、由少积多的过程，一个新兴城镇发展，必须以合理的"人口导入"为支撑，其中高素质的产业移民，更是区域产业发展、经济发展的基石。

3. 制定扶植政策，减少行政约束，提高产业移民开放度和自由度，集中发展交通区位优势、资源要素优势、环境宜居优势和生活成本优势，以吸引产业人口的主动移民——愿意移、移得进、稳得住、有发展。

策略启发

英国新城镇建设典范小城米尔顿·凯恩斯（Milton Keynes）之所以成功，得益于其产业新城的发展模式——以产业为支撑，构建有吸引力的"反磁力"城市，吸引了大量中心城市的就业人口。

英国在 20 世纪六七十年代，首次提出在区域范围内构建"反磁力吸引"体系：建立地区性生产综合体，提供工业发展基础；综合开发高速交通线网，加强区内联系；合理安排行政、文化、科学中心；均衡布置生活、娱乐、旅游、服务设施；它必须既能适应社会化、专业化协作要求，又在生产、生活等各个方面具有足够吸引力。

米尔顿·凯恩斯（Milton Keynes）在这一因地制宜、全面规划的原则指导下，1967 年进行规划，1971 年开始进行建设，发展到今天成为拥有 25 万人口、总面积 88.4 平方公里的现代化城镇。

问题延展

1. 如何在新城镇外来移民的数量与质量上设置可持续的评价机制？
2. 如何考量产业驱动下的本地和异地人口就业机会配比？
3. 如何有效建设多类型产业人口聚集的文化生态基础？

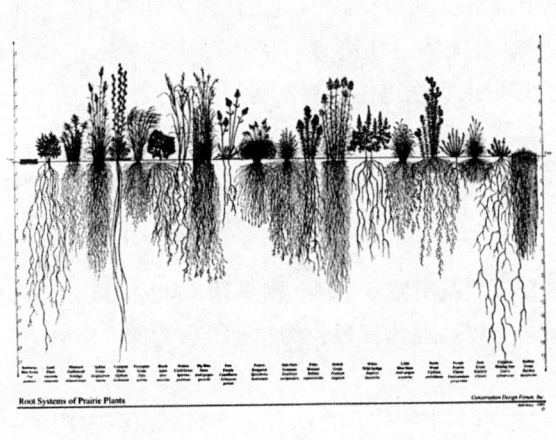

(Reprinted with permission from the Conservation Design Forum, Inc. Illustration by Heidi Natura, Conservation Design Forum, Inc.)

《Green Development》
by Rocky Mountain Institute
1998

文化的变化与进化？

关键词： 人文移植　亚文化圈

学术逻辑

1. 新型城镇生活面临的最大问题之一，即生活文化与文化生活的有机和有效生成。基本生活条件的硬件可以速成，文化软件却需要时间的养成，新居民的新精神生活亟待日积月累地涵养和重构。

2. 借鉴生物学中的"移植"概念，即有机体的转移，应用于人文学科，建构新的却不陌生的亚文化圈，是解决上述问题的一个重要策略。

3. 理解移植的本质性原则："受体与供体之间质的相似性，受体系统内部的开放性，受体系统内部排斥现象的可克服性"，"移""植"并重，建构令人亲近的、具有聚合力的亚文化圈，既要学术的思维，更要艺术的方法。

策略启发

城市发展带来大量随子女迁徙的退休老人，他们来自全国各地，不同工作背景、生活方式千差万别，聚居于同一新建社区，"老年合唱团"往往是自发性强、易于组织、最活跃的社区民间集会。

除了社交需求，分析他们练习的歌单曲目发现，重拾彼此共识与相关的生活回忆，是他们分享、再造新文化生活，且乐此不疲的重要动力。

利用丰富多彩的人文要素发现、移植与聚合，诱发和创造社群共同的新文化特质，是形成亚文化圈的方法要领。

问题延展

1. 如何鉴赏和鉴定原生文化特色？
2. 如何发现新文化基因和新文化载体？
3. 如何滋生亚文化圈的可塑形态和生长边界？

Senufo mud painting: 40″×27″ (100×68 cm). The fabric is
made of six woven strips, approximately 4½″ (11 cm) wide, that
are sewn together.

《Folk Crafts for World Friendship》
by Florence Tempo
1976

强势的弱势？

关键词： 弱势关怀　特种就业

学术逻辑

1. 弱势群体，政治经济学名词，指在社会生产生活中由于群体的力量、权力相对较弱，因而在分配、获取社会财富时较少较难的一种特殊社会群体。

2. 弱势群体是人类社会的平等成员，保障其平等参与社会生活是现代社会的基本标志之一，而弱势群体就业，又是这个标志的核心内容。

3. 以法律制度和公共政策的制定以确立对弱势群体关怀的长效机制，通过各种职业培训提升职业技能，鼓励拓展适合该群体职业发展的项目，优先提供特种就业机会，充分而有效地激发弱势群体的创造潜力，在参与城市生产之时，融入社会生活。

策略启发

美国公平就业机会委员会（The US Employment Opportunity Commission），定期发布"提高特定残疾人在联邦机构的参与率"报告，对在联邦政府公共部门工作的残疾人比率提出调研结果与方向要求，规定联邦政府必须在雇佣残疾人问题上采取积极行动，招聘、安置和开发合格的残疾雇员，通过一系列的肯定性行动增加残疾人的就业机会，使联邦政府成为雇佣残疾人的模范雇主。

美国残疾人就业政策划分为以治疗残疾为特征的"生存保障阶段"、以强化职业康复和建设基础设施为特征的"社会融合阶段"、以消除就业歧视和完善工作场所为特征的"权利扩展阶段"，及以扩展自由和发挥潜能的"潜能发展阶段"。四大阶段的执行措施与状况，成为反映社会公众和城市价值观的一面镜子。

问题延展

1. 如何在城市规划语言中系统定义弱势群体？

2. 如何在城市发展中兼顾弱势群体特殊的生理和心理因素？

3. 如何在产业、企业、就业和创业多维度和全周期创造弱势群体关怀策略？

《Handicapped at Home》
by Quick FOX
1977

为人民设计？

关键词：弱势关怀　通用设计

学术逻辑

1. "无障碍化设计"常常被意指满足老龄和残疾人需求的设计。仅仅以关照弱势群体为目的的设计，常常顾此失彼地忽略了设计的边际效应，比如特殊设计的美学性，附设功能的宽容度以及它们在街区环境中的和谐度……

2. "通用设计"概念最早起源于美国，其中心思想是"针对全体人民的设计"，无需考虑人的年龄和身体状况，能使更多人受益。人们习惯性的认识中，存在着无障碍化等于老龄人士、等于轮椅患者的误区，而通用设计要求，无论为谁而设计，都应从"无障碍化设计"的思想出发，头脑里始终保持"不放弃每一个人"的设计原则。

3. 无障碍化环境不是为特定人群而设计，它是日常生活中的"标准化和常态化"，是"任何人"的"基本需求"，这一设计理念，应成为营建社会公共环境的共识。

策略启发

福尔桑格中心（Forsanger centre）是丹麦视觉障碍患者研修和度假中心，是欧共体"太阳神奖"的获奖项目。

整座建筑有一个共同特点，凡走廊和过道的交叉路口上方都建有一个塔楼，塔楼的顶棚距离地面高度为 7 米，而走廊和过道顶棚的高度距离地面 2.8 米，由于顶棚在高度上存在的差异，人们走路时所发出的回声会发生相应变化，当人们注意到声音突然发生变化时，就可以判定："现在到了路口和拐角的地方。"

建筑的美感对于普通人和视觉障碍患者同样的重要，福尔桑格中心（Forsanger centre）没有采用常用的盲道，而是通过回声设计来体现无障碍设计的理念，对任何人来说，都是一个妙趣的空间。

问题延展

1. 如何综合考量弱势群体与普通民众需求的共性化设计？
2. 如何艺术地建制城市弱势群体的公共设施系统？
3. 如何保持城市非常用公共设施的功能弹性？

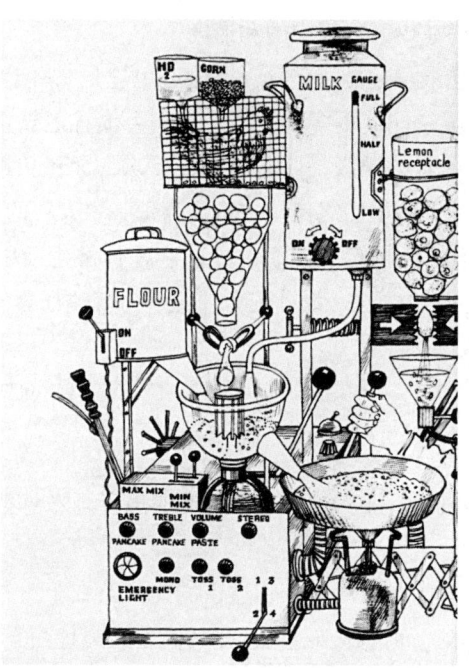

《Festivals》
by Ruth Manning-Sanders
1985

全能产业？

关键词：三产类型　四产模型

学术逻辑

1. 如何衡量与计算一个家庭主妇应得的工资，是一个有趣的话题。老师、采购、营养师、心理咨询师、淘宝店主、厨师、司机、保安、保姆……多种社会角色扮演、全天候职能演绎。

2. 三产是产业经济的传统分类方法，分界明晰。"第四产业"是尤纳·弗莱德曼（Yona Friedman）在 20 世纪 70 年代发现并提出的"非主流"产业现象和概念，指"社会必要劳动"成果没有被计入国民生产总值的产业类型，由"非活跃"的群体如自助工匠、家庭主妇和周日艺人等构成。

3. 技术进步导致的信息传播成本锐减，社交网络形式的多元化，传统产业边界被打破，产业、行业和企业类型创新成为常态。建立以产业耦合、价值共生为动机的"第四产业"，或许是提升城镇经济活力的新方法。

策略启发

自给自足、物物交换的农耕文明，似乎正在演变为一种新的生活方式。

社区里各家庭主妇发挥自己的擅长，以社交圈的扩展，自主打通相互的产业链，或售卖自己家乡的特产，或轮换自己烹制的美食，或提供信息与知识服务，提供便利之外，和谐邻里，已成为显性的"幸福生活"要素。

问题延展

1. 如何重新界定传统产业的概念内涵和价值外延？

2. 如何政策性引导"非主流"产业进入"主流"产业体系？

3. 如何在城镇规划中为产业耦合预留发展弹性？

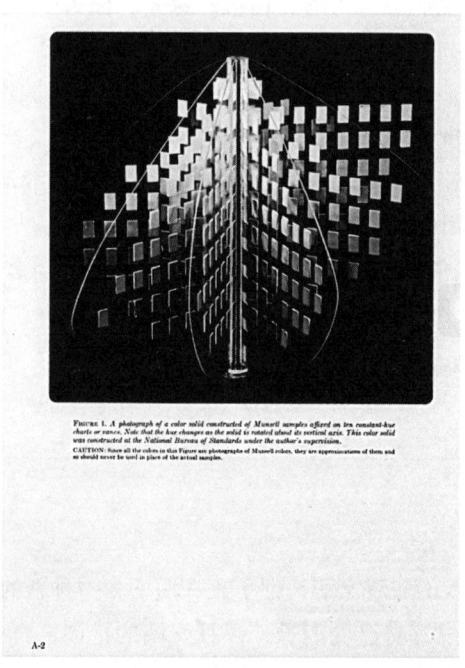

FIGURE 1. *A photograph of a color solid constructed of Munsell samples affixed on ten constant-hue charts or vanes. Note that the hue changes as the solid is rotated about its vertical axis. This color solid was constructed at the National Bureau of Standards under the author's supervision.*

CAUTION: Since all the colors in this Figure are photographs of Munsell colors, they are approximations of them and so should never be used in place of the actual samples.

A-2

《Color： Universal Language and Dictionary
of Names》
by Kenneth Low Kelly
1976

色彩与彩色？

关键词：色彩规划　四季识别

学术逻辑

1. 建筑的面貌，是否可以像人的衣着，根据个人情绪、季节变换和参与活动环境的不同而灵活搭配。

2. 换个角度，四季更迭的时空，是否就是建筑可塑的衣服，兼具可识别的亲近感和变化的新鲜感。

3. 这里面充满着不确定性的风险，需要对城市性格、四季气候、植被特色等因素进行理性的分析与洞察，展开合情合理又令人意外的色彩规划，呈现一个与时俱进，更历久弥新的城镇艺术修养。

策略启发

中等光亮、中低纯度天空的巴黎，小心翼翼地规划着不同建筑体量之间的明暗对比。人们有所不知，埃菲尔铁塔其实高中低、由远及近地存在三种不同的色彩设置，以使其在不同的气候下，依然轮廓清晰，浑然一体。

完成的学术专刊《启蒙》杂志第四期"广义色彩"由华夏幸福未来城市研究院与中央美术学院王京红博士合作，对华夏幸福环北京项目风貌形态进行专题研讨，提出了首批50个跨专业城镇风貌策略问题。

问题延展

1. 如何明晰和设计地域性城镇色彩观念？

2. 如何将时间、情绪、健康等无形要素纳入新城镇色彩评价系统？

3. 如何认知城镇色彩与彩色的辨证涵义？

《Chinese Watercolours》
by Josef Hejzlar
1978

语境、图境、意境？

关键词： 山水美学　诗性栖居

学术逻辑

1. 山水，是中国古代文人士大夫精神家园的符号意向，山水隐逸，天人合一。山水文化是由中国人创造的一种特殊的文化类型。诗性，使客观事物成为主观情感的载体，从而创造出一个心物合融的境界，是东西方文化中经久不衰的经典概念。

2. 山水自然经由诗性人文的演化——望得见山，看得见水，记得住乡愁，非常朴素地表达了人与自然、人与人和谐相处的幸福愿望。

3. 以"山水美学，诗性栖居"之语境，引导城镇规划之图境，实现人居理想之意境，真实、质朴、厚重、有根。

策略启发

建筑设计师马岩松，沿用钱学森先生提出的"城市山水"概念，尝试将传统的价值观和生活方式带到高密度的城市之中，展开让"人离开自然又返回自然"的建筑实践。

在一次表达山水城市观念的建筑展览中，马岩松将20多件建筑模型和艺术作品，散落于古老的园林庭院里，与假山、影壁、竹林、流水融为一体，远观这些建筑，犹如一幅幅中国古代的水墨画，形如群山、古树，矗立于绿水青石中，呈现一派乌托邦式的未来城市图景。

问题延展

1. 如何理解生态和文化不同语境下的"山水概念"和"山水策略"？
2. 如何将"诗意地栖居"转译为可定量的城镇评价标准？
3. 如何在城镇规划中艺术地表现"心中的山水"？

《Pieced Vegetables》
by Ruth B.McDowell
2002

新农耕生活？

关键词： 社区参与　农业模式

学术逻辑

1. 1965 年，一群日本的家庭主妇，因为关注农药对于食物的污染，而和有机食品的生产者直接达成供需协议。这便是社区支持农业，Community Support Agriculture，CSA 的原型。

2. CSA 避开中间商对当地食品经济的控制，恢复农民和消费者之间的友好关系。消费者也是"股东"，共同承担生产耕作的风险，农民在具有生态安全的农业系统中生产健康的食物。社区的每个人对农场运作做出承诺，让农场可以在法律上和精神上，成为社区的农场。

3. CSA 在互联网以及物流的发展下带来更多的可能性和便利性，包括在线购买土地、挑选农民合作伙伴、指定种植方式、在线打理土地、与其他消费者进行经验交流和食品交换、在线配送下单、追溯配送食品的生产流通等。CSA 不仅是最自然、最具潜力的新型农业生产模式，更是社区先进的生活方式，演绎了传统农耕文明的现代回归。

策略启发

《分享收获：社区支持农业指导手册》是一本关于 CSA 的专著。作者伊丽莎白·亨德森（Elizabeth Henderson），具有 25 年有机农业种植和管理经验，19 年的 CSA 农场生产经验。

在美国，有近 1700 个 CSA 农场，伊丽莎白·亨德森（Elizabeth Henderson）分享了各个农场的运作方式、面临的问题以及解决的办法；也分享了参与到这个活动中的消费者收获的改变与快乐。

该著作传达的不仅是一种社区农业生产方式和生态模式，亦同时开启了一种回到未来的新生活理念和新生存节奏。

问题延展

1. 如何重新定义传统农耕文明的现代性？
2. 如何低成本、高效能地营造社区农场？
3. 如何建立社区农业多维度评价标准？

to farm youths during the 1920s and 1930s, but it was difficult for them to become economically independent adults and remain on farms. This was particularly true for farm daughters, who were most restricted by the unpaid family system of labor, and for poorer farm youths, who were limited by inadequate farm incomes. The massive movement of youths out of rural communities came only after more than a decade of unemployment and underemployment in an agricultural depression, and accompanied the simultaneous rural contraction and urban expansion of economic opportunities during and following World War II. Economic limitations, as much as cultural attractions, framed farm youths' choice to move from country to city.

《Preserving the Family Farm》
by Mary C.Neth
1994

社区如何农业？

关键词：社区农场　微型经济

学术逻辑

1. 一个家庭种菜所需要的土地其实小得令人难以置信。一个四口之家大约半亩土地，就可以种出足够一年需要的蔬菜。

2. 除了为自己创造全新的食物供给链，它还提供一种微妙的需要。公园、街旁树木、修剪平整的草地对建立我们和土地之间的联系贡献甚少，它无法告诉我们土地能为我们生产出什么东西以及土地所能发挥的潜力。

3. 把社区农场纳入社区规划与运营的构成，它不仅是我们心血来潮接触大地、理解滋生万物过程的雅兴，它更是我们进行自我机体保护的一项重要策略。同时，作为一个有产出的经济行为，它为社区产业化提供了可能，以及复苏物物交换，自给自足的生存方式。

策略启发

波士顿（Boston）远郊的一个社区农场的精彩之处：

功能完善且区划合理：参观、游览、劳作、采摘、休息区、商业区……

农业技术：管护技术优良、技术装备到位、作业认真仔细，园内水、电设施全在地下，浇灌施肥也是半自动。

消费环境占了很大场地：大片的树荫下，放置了很多桌椅，供大家休息、交流和享用野餐。

儿童户外娱乐区的设置：激发孩子们的兴趣和热情，特别是拖拉机、轮胎、大石头、山羊、猪等元素，使整个儿童乐园具有明显的乡村风情。

问题延展

1. 如何让社区农场成为新城镇基本规划要素，构建居民返璞归真的新生活方式？

2. 如何设计社区农场的合作模式和运作机制，以使其社会与经济效益最大化？

3. 如何建立具有持续动力的社区微型经济链，激发社区活力和魅力？

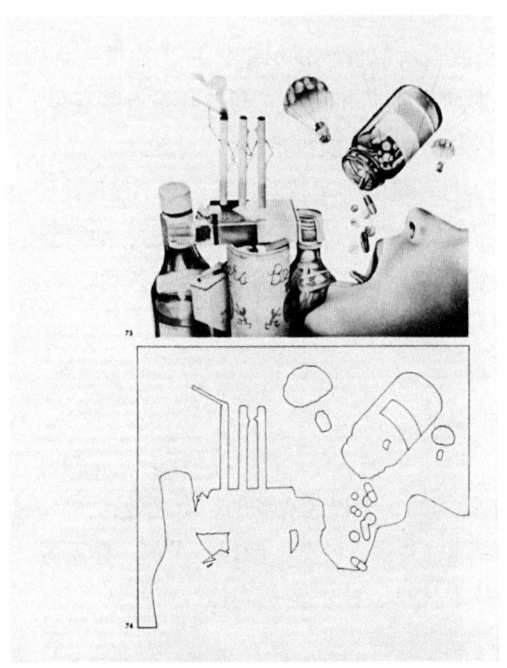

《Graphic Illustration》
by Marta Thoma
1982

断、舍、离？

关键词：生态持续　理性消费

学术逻辑

1. 生态城市的号召："保持简单，让自然帮助你！"，以及可持续理念："能满足当代的需要，同时不损及未来世代满足其需要之发展。"都是对人类追求日益膨胀的物质欲念的提醒。

2. 在提升居民生活水平和产业发展效能等理性动机驱使下，城市被定义为增长的机器，随之也带来缺乏节制的生产扩张与盲目的非理性消费刺激，导致社会资源和个人财富的无端浪费。由此，各种以刺激消费为动机、巧立名目的购物节引发人们的反思。

3. 如何达成城镇发展与可持续的平衡与和谐，如何引导更理性的产品供给与消费观念，都是新城镇化应持续回应的课题。

策略启发

"断舍离"是日本杂物管理咨询师山下英子（Hideko Yamashita）提出的人生整理观念。断 = 断绝不需要的东西，舍 = 舍弃多余的废物，离 = 脱离对物品的执着。"断舍离"即透过整理物品了解自己，整理心中的混沌，以获得理性消费的行动技术。

学习和实践断舍离，让自己从关注物品转换为关注自我，致力于将身边所有"不需要、不适合、不舒服"的东西替换为"需要、适合、舒服"的东西，从而获得让人生舒适的"减法生活"。

问题延展

1. 如何引导民众建立"少就是多"的日常消费观念？

2. 如何在规划体系中建立鼓励理性消费的新生活评价模式？

3. 如何创建社区物资循环利用机制形成新生活文化？

A sink garden planted with
succulents at the RHS garden.
Wisley.

《The Art of Container Gardening》
by Faith Whiten
1986

伦理之内与道德之外？

关键词： 生态伦理　产业边界

学术逻辑

1. 工业文明创造物质财富的同时，也消耗了大量的自然资源，产生土壤沙化、生物多样性面临威胁、森林锐减、大气污染等严重的生态后果。

2. 生态伦理即人类反省以上发展，为解决自身及其周围动物、环境和大自然等相处关系所面临的生态困境，而进行自我约束的一系列道德规范。

3. 缓和人与自然的关系，必须重建人与自然之间的和谐。以具有强制性的社会价值优先于个人价值的原则，科学理性地界定产业发展的边界，才能期望"普遍的共生"和"最长远的自我实现"。

策略启发

发生在 2015 年 8 月 12 日，天津开发区的化学物品爆炸事件，造成上百名人员遇难和有害化学物扩散，专业和职业道德缺失之下的发展动机和管理系统，不可避免地为居民生活和生产造成了无法弥补的巨大伤害。

比利时马斯河谷（Mas Valley, Belgium）工业区的烟雾事件，是 20 世纪记录最早的，由于产业发展而导致的公害事件。1930 年，在这个狭窄的河谷里有炼油厂、金属厂、玻璃厂等许多工厂。12 月 1～5 日的几天里，河谷上空出现了很强的逆温层，致使工业排出的烟尘无法扩散，大量有害气体累积在近地大气层，对人体造成严重伤害，一周内近百人丧生，为人类无视生态、没有节制地发展敲响了警钟。

问题延展

1. 如何在城镇发展中认知伦理与道德之内涵与边界的本质？
2. 如何反思和约定城镇成长的"极限"？
3. 如何设计经济价值最大化与生态成本最小化之间的动机机制？

Our first look at Earth rise over the eastern rim of the Moon was radioed back by Lunar Orbiter I on August 23, 1966. At the moment this picture was shot, the spacecraft was flying 730 miles above the lunar far side. The photo gave man a disarming view of his own world. But the sweep of tortured lunar surface revealed in the Orbiter pictures was a dramatic preview of the unearthly realm that the Apollo astronauts would soon see.

《Apollo Expeditions to the Moon》
by an unknown author
1975

以人为本，还是以生命为本？

关键词： 生态基底　环境本质

学术逻辑

1. 知道全球有多少比例的陆生动植物需要以森林为家吗？超过 80%，这是一个惊人的比例。在以人为本的思维指导下的城镇开发过程中，动植物领地被日益压缩，绿化只是满足人们欲望的装饰物，人的生活与真正的自然隔绝。

2. 地球不仅仅是人类的家园。1994 年，马西斯·瓦克纳格尔（Marcls Wackenager）和威廉·里斯（William Rees）首次提出"生态脚印"的概念，它是指按今天的生产条件，一个人在各种生活要求得到满足的情况下所需要的地球（陆地和海洋）面积。如何遏制生态脚印的增长速度，已成全球共识的话题。

3. 在城镇化过程中，如何科学地引导城镇开发有伦理地利用生态资源，转变"以人为本"为"以生命为本"的观念，"生态脚印"理论提供了可量化的方法工具。

策略启发

在新城和住宅的开发中，先行一步规划一些人们不能到达的领地：植物密集的围合、严禁人们涉足的湿地，以使动植物不受人们干扰的生活。

"成功的招商，或许是先招来小动物。"华夏幸福顾问公司"华与华"负责人如此建议。

问题延展

1. 如何在城镇规划与运营中建立以生命为本的优先原则体系？

2. 如何将生态基底的数量与质量作为设计城镇幸福生活指数的前提要素？

3. 如何将环境本质转译为具有永恒识别性的城镇地方美学基质？

《Rainbow Town》
by Clive Taylor
2001

生态、生产、生活与生存？

关键词： 世界价值　地方指标

学术逻辑

1. ISO 是众所周知的国际标准化组织的简称，它的目标是使商品和服务在国际交换中，使用统一的标准，或者说，使用同一种语言，不同地区才能在智力、科学、技术和经济领域开展约定标准下的合作。

2. ISO 制定的，是一种世界性价值语言，各地方以此标准遵循，推动了全球尤其发展中和落后地区的进步。城镇发展对标借鉴的规划方法，以此同理。

3. 领略先进的定义以及先进的标准，发出正确指令便有了某种依据和参照系。如何吸纳全球智慧，指导地方发展，虽然看起来是简单的方法，却可能是一种行之有效的开放性思维。

策略启发

在 2015 年 9 月联合国峰会上颁布的 2030 全球可持续发展议程（Transforming our World: The 2030 Agenda for Sustainable Development），是一份蕴含生存底限思维的纲领性文本。

它包含了消除贫穷、消除饥饿、健康生活、优质教育、性别平等、水和环境、现代能源、经济增长、基础设施、促进平等、人类住区、消费生产模式、气候变化、海洋资源、陆地生态、法制社会、全球伙伴 17 项综合的、相互关联不可分割的可持续发展的目标。

以此为蓝本，世界各国具有了一套指导和确定地方可持续发展的共同指标，兼具了评价机制应该关注的系统性、国际性与先进性。

问题延展

1. 如何选择和制定以生存为优先原则的城镇发展底线思维模式？

2. 如何辩证地理解评价标准作为城镇规划的前提和结果之价值异同？

3. 如何定制具有地方特色的城镇发展评价指标体系？

81

《Model Building and How to Make Them》
 by Harvey Weiss
1979

视觉的动机与契机?

关键词：视觉动力　空间形态

学术逻辑

1. 视觉是人类感知世界的基本方式之一，视觉信息经由大脑的转化，是人对外部事物形成知性和智性判断的重要基础。

2. 艺术心理学家鲁道夫·阿恩海姆（Rudolf Arnheim）在建筑媒介的具体分析中，对空间的客观形式进行了重新定义——空间感的出现，源于人体视觉机制对事物做出的选择性积极探索。聚焦于建筑形式的风格评价，被拓展了新的认知维度——建筑吸引力中视觉动力对内心的影响。

3. 从人类感知的不同角度，建筑被形容为"一段凝固的音乐"、"一首哲理诗"……经由视觉触控，不同形态的建筑空间对人的心理和行为产生丰富多样的感知效应，形成某种由心动到行动的连锁反应。阿恩海姆的理论是对建筑及其空间设计的重要提醒：视觉动力应成为空间设计的要素之一。

策略启发

哥特式建筑飞扶壁向上的升腾，中国传统建筑飞檐翼角的轻盈，都是古代建筑中动感设计的神来之笔。

弗兰克·盖里（Frank Gehry）是当代建筑设计大师，他总能从连续性的运动着的卡通动画中吸取灵感，运用形式/哲学的独特观点，通过设计参数的解构不建构，并非让建筑动起来，而是让"动着的"停下来，从而让建筑的停滞点带来具有丰富想象力的优美动感。

一如游客走进毕尔巴鄂古根海姆博物馆（Museo Guggenheim Bilbao）的愉悦体验："步入它的中庭，你会感觉像把帽子抛向空中。"

问题延展

1. 如何理性认知和评估视觉感受在城市空间设计中的特殊权重？

2. 如何通过设计塑造具有空间美感的心理和生理弹性？

3. 如何在城市空间设计中把握动态与静态的互动原则？

《Neighborhoods》
by an unknown author
1973

幸福的路口？

关键词： 十字路口　街道公园

学术逻辑

1. 十字路口往往被认为单一的交通功能而忽略其公共环境价值，作为城镇人流的交汇点，它是一扇城镇品质与品位的窗口。

2. 绿化、公共家具、艺术小品、休憩停留、小型生活商业等混合功能，足以丰富十字路口的使用价值，成为城镇公园体系与人密切关联的部分。

3. 微观公共环境的艺术化是提升城镇环境品质的基本策略。城镇街区公共节点体系的产业化利用是有效增加公共空间社会价值的新思维。

策略启发

《建筑模式语言》模式第九十三，建议将饮食商亭开在人们路过的街上，去工作和找朋友的途中，最好就是十字路口的街角，随时买到普通便宜但香气扑鼻的食品。

那些最好的食品往往是家庭供应、自己制作的，保持和邻里一致性格的亲和力，是一个城镇的幸福指征。

问题延展

1. 如何完善城镇街区节点体系的功能弹性和使用价值？

2. 如何建立可以滋生新产业价值的城镇街区公园体系？

3. 如何在街道公园的投资建设和运营中建立公共服务和私人资本之间的平衡机制？

《Effective Schools and Classrooms》
by David A. Squires
1983

学校之外？

关键词： 私塾机制　公共教育

学术逻辑

1. 我们平常说社会是一所大学校，但未必有意识地去规划社会这所学校应有的功能体系。

2. 学校教育和家庭教育并非教育的全部，我们居住的社区、隔壁的邻居、从事各行各业的人，他们也可能是丰富优质的公共教育资源。

3. 城镇有责任向它的青少年传授理性健康的生活方式，创建一种独立于传统教育之外的私塾机制，思考其多元性的可能对培养独立思考、独立行动、具有创造性的人的价值。

策略启发

通过社区的组织和居民广泛接触，挖掘社区能人，来丰富学习内容：一个心理咨询师、一个骨灰级驴友、一个上市企业高管、一个马拉松爱好者兼健身教练、一个研究现当代文学的博士、一个退休的建筑学教授……以及商业街上各行各业的经营者。考察这些状况，描述他们，设想把他们排成"社区课程表"。

问题延展

1. 如何在公共教育基础上引入"私塾观念"和"私塾概念"？
2. 如何营造具有教育效能的城镇空间机制？
3. 如何建制"非功利"社区私塾教育模式？

《Farmer Jane: Women Changing the Way We Eat》
by Temra Costa
2010

三农主义？

关键词： 三农形态　价值引渡

学术逻辑

1. 从"人的城镇化"到"人的新农村"，"以人为核心"已经成为政策制定的一个基本点，农民、农村与农业的形态转化，成为新城镇化的连锁机制。其成，则城镇化成；其败，则城镇化败。

2. 农民转型是三农形态的核心，它一般会经历三个阶段，即转型前的天然淳朴期、转型中的价值迷失期及转型后的价值重塑期。价值迷失期的经济诉求往往被单一放大，可能给社会、经济、环境以及文化造成不良影响。

3. 新型城镇化中对三农发展理念如何进行价值重塑，保持良好的生态、优美的环境、健康的食品以及良善的民风成为根本的导向原则，不仅为农村与农业提供了新的发展机会，也能理性引导农民的经济行为，使其在价值迷失期实现有机转型。

策略启发

2014年5月，距离海南博鳌不远的北仍村，按照琼海市"三不一就"（不砍树、不占田、不拆房、就地城镇化）的新型城镇化原则，开始建设"美丽乡村"。村民王理强看到机遇，由城返乡，利用自留地，和村民一起入股建起"乡愁味道"农家乐。食材全部来自村民自己种的蔬菜、自家养的鸡鸭，健康绿色和家乡味道是最大卖点。村民不仅有股东分红，还有工资和原料销售收入。随着游客剧增，村民收入明显改观，他们也从古老的传统农业，直接跨入现代服务业。

利用市场价值导向为契机，因地制宜，触动适宜的系统机制，是三农协同实现可持续优化转型的关键。

问题延展

1. 如何以城乡统筹为原则制定全方位、全周期的农民转型计划？

2. 如何以三产融合为契机实现农民增收与提质的互促？

3. 如何以多元价值共赢为导向创新三农转型评价指标体系？

《Frederick Law Olmsted: Partner with Nature》
by Johanna Johnston
1975

乌何有之乡?

关键词： 桃源境象　城乡愿景

学术逻辑

1. 一到周末节假日，明知拥堵，也阻挡不了城市居民对乡野的向往。

2. 陶渊明的《桃花源记》所描述的，是被中国传统文化认定的理想社会图境，亦视为庄子提出的"无何有之乡"的文化延承。

3. 思考现代社会城乡二元的矛盾与解决之道："无何有之乡"概念中蕴含的人类生存理想，也许可以成为幸福城镇指数建构的纲领和宗旨。

策略启发

《美国城市的文明化》一书，是150年前纽约中央公园的设计者奥姆斯特德（Frederick Caw Olmsted）对人居环境与城市文明的思考结集，他主张在城市心脏部分应引进乡村式风景，使市民能很快进入不受城市喧嚣干扰的自然环境之中。

其根本动机，即尊重一切生命形式所具有的"基本特性"，遵循人与自然相处的简单道理：优美的散步道、自然的大景观，由此构成城市公共休憩系统——今天城市中心公园的基本形态。

问题延展

1. 如何回归生存起点，审视城镇发展根本动机？

2. 如何在普世理想引导下树立新城镇的独特思想？

3. 如何在城市和乡村之间保持必要的系统张力？

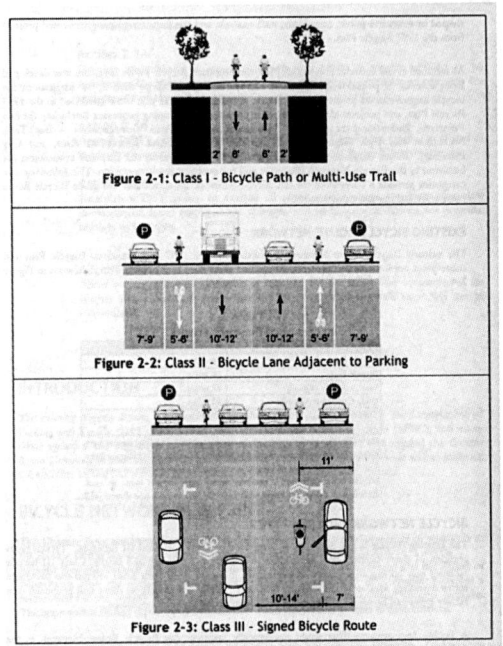

2'
6'
6'
2'
Figure 2-1: Class I - Bicycle Path or Multi-Use Trail
7'-9'
5'-6'
10'-12'
10'-12'
5'-6'
7'-9'
Figure 2-2: Class II - Bicycle Lane Adjacent to Parking
11'
10'-14'
7'
Figure 2-3: Class III - Signed Bicycle Route

《San Francisco Bicycle Plan》
by San Francisco. Dept
2004

迎合还是引导？

关键词：网络科技　广义交通

学术逻辑

1. 滴滴、快的、Uber 以排山倒海之势迅速地嵌入我们的日常生活，这种以人为本的创新交通服务成了城市出行的新常态。

2. 移动互联技术令人眼花缭乱，在交通领域，其基本动机关注于如何最大化提升民众出行便利、服务品质，比如一部车如何多坐几个人、如何更快地接上人、更多的车如何更方便地投入运营……进而衍生社交功能等附加价值。

3. 减少机动车非理性出行是未来城镇环境品质提升的重要手段，技术进步使之成为可能。洞察科技发展，有效利用网络技术提升交通综合效能，新城镇交通规划的基本原则将重新制定。

策略启发

移动互联的重要价值，就是人人参与，人人分享。

早期，维基百科、谷歌搜索，平台建立，每个人都可以为其贡献价值（数据），并各取所需（信息与知识）。

O2O 的深化和传统行业"我制造、你使用"根本性的改变，平台建立，每个人可以瞬间成为市场服务的供应者。就像有了 Uber 这类创新产品，企业员工已经全面社会化。

对这种转变的理解，或许带动的就是时代的优化。

问题延展

1. 在可持续交通观念下，如何优化传统交通规划体系？
2. 如何将"网络出行"纳入新城镇交通体系规划和管理范畴？
3. 如何政策性引导和鼓励民众更理性的出行习性？

Sir Stanley Spencer, RA. Gardening. 1945. *Leeds, City Art Gallery.*

《Garden of Delight》
by Miles Hadfield
1964

复苏人性与天性？

关键词：文创田园　乡野观光

学术逻辑

1. 现代生活，城市是一个巨大的磁场，乡村除了提供人们生存之需和偶尔为之的探奇，似乎很难与城市魅力抗衡。

2. 其实乡野有着迥异于城市的审美优势，自然形态、生产生活、历史文化，都是能催生与城市生活完全不一样的美学基质。

3. 将田园保护、改造和创新，施与文化创意的表达，积极与现代对话，创造性呈现田园独有的健康与开阔、宁静与朴实等特质，吸引人们前往，感应天性。

策略启发

20多年前，"越后妻有"是在日本现代化进程中被抛弃的闭塞的乡村之地，从2000年开始至今，日本著名艺术策划人北川富朗（Fram Kitagawa）用艺术的方式，一共策划了六届"大地艺术节"，开启了一场精彩的地域革新。

前后共有350多组艺术家和建筑师参与，他们以越后妻有的土地为灵感，与村民和志愿者们一起完成各种艺术作品。这些作品非常巧妙地融入乡间、自然之中。

与在美术馆、画廊孤独地创作不同，在这里，艺术家的创作与当地、当景紧密联系，创作时村民也会前来帮忙，在这些帮忙的瞬间，作品就不仅仅是艺术家一个人的创作，也成为当地村民自己的东西。

现在，越后妻有整个地区活力变得超乎想象，你随处可见草间弥生、詹姆斯·特瑞尔等世界艺术大师的作品，它们点缀在自然各处；还有建筑师们改造的各种建筑，可供你入住体验。当地人乐在其中，城市里的人也纷纷回到这里度过愉快的时光。

问题延展

1. 如何在秉承传统美的前提下实现引导乡村的现代化？
2. 如何理智地维持和把握城乡差异？
3. 如何在新人文视野下与时俱进地创造郊野文明？

《The Hill House》
by Anne Ellis
2001

灵妙化生长?

关键词： 文化空间　生长潜值

学术逻辑

1. 英国历史学家汤因比（Arnold Joseph Toynbee）把人类进步描述为一个"灵妙化"的过程，美、欢乐和亲情，是任何物质财富都无法取代的。

2. 美国城市学家芒福德（Lewis Mumford）说，城市应同时具有磁器和容器双重性能，磁器优先，容器在后。人之为人，就在于其动物性以外的精神追求。剧院、音乐厅、艺术馆、博物馆、图书馆……构成城市文化空间，在某种程度上决定了一个城市的无形价值；一个缺乏以上功能的城市，我们很难将其归类为一个有魅力的城市，更难以对人产生持续的吸引力。

3. 《易经》贲卦有言：观乎人文以化成天下。规划营造记录与表达文化的空间，呈现人类独具的生存状态，城镇才能得以化成天下。

策略启发

美国亚利桑那州的小城市 Ash Fork，人口仅有 500 人，是探险者早期开发西部时创建的。在这个连买食物都要开车到 25 千米以外的城市，却有自己的教堂和博物馆，吸引 66 号公路的自驾者前往游览居停。

博物馆展示了城市的变迁，简陋的监狱甚至实施绞刑的绞架，提醒家园的来历与不易。在当地人看来，信仰和教育，甚至比食物更重要。可以想象，如果没有这些有"磁器"功能的文化空间留存，也许这里早已是荒芜之地。

问题延展

1. 如何定义磁器与容器概念在城镇发展中的辨证次序和价值内涵？

2. 如何建立可持续的城镇文化生产机制？

3. 如何在城镇空间规制中将文化要素与空间体系进行精巧融合？

99. Carrousel Rooster

《American Folk Art in Wood，Metal and Stone》
by Jean Lipman
1948

文化先机？

关键词：文化信念　旅游设计

学术逻辑

1. 文化带动城镇发展影响力，但往往被各种动机揣测，认知为噱头。类似秦皇岛阿那亚度假区的海边图书馆的度假旅游项目，引起广泛争议。

2. 文化的表达方式，本质就蕴涵着对文化的态度，其背后的信念，决定了文化动机下的旅游设计的生命力。

3. 理解文化、尊重文化，才能创造文化、享受文化。

策略启发

每个城市都有读书藏书专深的人，遍布在城市的各个角落。

通过建立社区文化基金，设计好投资权、所有权和经营权协同机制，建立以他们名字命名的个人图书馆，盘活社区闲置商铺。

一个城市有上百个甚至上千个这样的个人图书馆，一位旅游者拥有一张个人图书馆地图以及一张以次计的刷门卡，就可以根据自己的兴趣与爱好，做一次深度的人文探访之旅。

这个城市将会多么美丽。

问题延展

1. 如何甄别、取舍和再设计不同文化产业背后的类型动机？

2. 如何集成城镇中蕴藏的生生不息的活态化民间文化基因？

3. 如何引导和培育城镇内外交互的人文旅游平台和运行机制？

2 Rex Clawson
Athletic Hero with
Groupies, undated.
Enamel paint on board;
17 × 14 in. (43.2 × 35.6 cm).
EPSTEIN/POWELL GALLERY.

《Contemporary American Folk Art》
by Chuck Rosenak
1996

汲古润今？

关键词： 文化遗存　活化展演

学术逻辑

1. 花费大量人力和财力进行复原的文化遗存，往往被以保护为名层层圈养，"不许触摸""不许进入"，随处可见种种警示，人们只可远观。

2. 缺乏互动的体验、参与的乐趣，知识与智慧分享价值衰减，在"不破坏"的原则之下，文化遗存应该以更鲜活的形式表达，方能充分呈现、挖掘与感染文化遗存的魅力。

3. "活化展演"是对文化遗存一种更为主动和生动的保护和传承策略，"可使用"应成为可采用的原则。

策略启发

《庇护所》讲述了世界各地人们在不同时代和地域条件下，采用不同的技术手段和地方材料盖房子的故事。洞穴、草屋、帐篷、木屋、仓房……传授的手工建造房屋技巧和理念，能够让人重拾手工、探险、劳作和自由的乐趣。是当今世界"绿色建筑革命"的西方经典著作。

将这些案例以形态仿古、功能现代的方式而建造，将居住功能与建筑野史博物馆融为一体，形成活化展演的主题文化度假村落，都市中的现代人能够真正参与其中，产生与远古对话的切身体验。

问题延展

1. 如何赋予传统遗产以时代生命力？
2. 如何在塑造遗产文化的再现与重生中领略"崇古而不泥古"的原则意味？
3. 如何在时间和空间维度中营造有历史价值的信息生态模式？

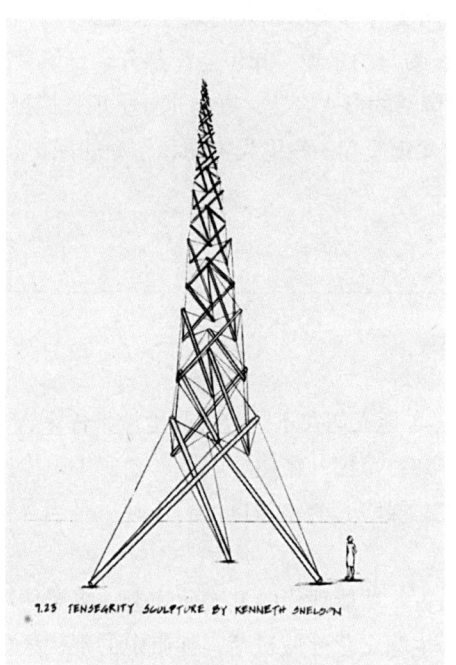

7.23 TENSEGRITY SCULPTURE BY KENNETH SNELSON

《Why Buildings Stand up》
by Mario Salvadori
2002

文化的原型与造型？

关键词： 文脉解构　文化建构

学术逻辑

1. 文脉，是城市记忆的延续。代表城市特色的街道、胡同、牌坊、宗教圣地以及地方非物质文化遗产等，是城市记忆的传统生活场景，蕴含丰富的构成文脉的文化片段与符号要素。

2. 剖析构成城市历史的用词和语法，重新寻求空间、环境、技术的对话，以使在城市空间场域看得见文化的时间差，创造出新旧共生和共鸣的精神世界，这常常是我们喜欢上一个城市的因由。

3. 延续城市记忆，对于开发者及规划者来说，是工作中富有挑战意义的命题。要想使自己的作品能够经历时间的包涵并赋予新的内涵，在"文脉的解构"中进行"新文化的建构"，是城市规划策略之一。

策略启发

> 固安柳编相延 500 年，遍布全县域，男女老少多有操作者，编工无计其数。
>
> —— 明嘉靖《固安县志》

未来城市研究院与朱晓军先生、北京工业大学赵航教授合作的固安产业新城庭院公交设计课题，受当地非物质文化遗产柳编工艺的启发，在庭院公交站的建筑造型中，提取柳编工艺原型，从以手工艺为代表的民俗生产文化的历史固安，延展产业文化、创新驱动新文化类型的未来固安想象，设计出富有地域特色的城市公共服务新构筑。

问题延展

1. 如何学术与艺术地理解和认知文脉的形态和要素？
2. 如何规划和设计具有包容性的城市文化发展机制？
3. 如何在时间和空间双重逻辑语言下建立城市的新文化策略？

《The Illustrated Encyclopedia of Knowledge》
by an unknown author
1957

苦衷之下的初衷？

关键词： 问题导向　课题驱动

学术逻辑

1. 课题研究的目的是解决问题，所谓问题导向是以解决问题为目的的一种逻辑形式。发现问题，是建立课题的学术源起。

2. 俗话说，好问题是成功的一半。困难即在于，能否提出"正确的问题"。提不出问题和好问题，往往是缺乏问题意识的训练与养成；如果缺乏本能的好奇与深入思考，当然也不可能产生对问题的洞察以及真诚的提问。

3. 诺贝尔经济学奖获得者米尔顿·弗里德曼（Milton Friedman）曾说："愚蠢的问题，得到愚蠢的答案，是应有之报！"问题直接反映出一个人的经历、价值观、训练和文化积累。是否提出问题和提出好问题，取决于学术研究者的综合素养。优质课题的产生，源自敏锐的观察和独立的思考之下提出聪明的问题。

策略启发

《九章算术》是中国古代第一部数学专著，系统总结了战国、秦、汉时期的数学成就，其留给后人最宝贵的财富，是里面提出的 246 个问题。全书采用问题集的形式，246 个与生产、生活实践有联系的问题，每道题有问（题目）、答（答案）、术（解题的步骤），有的是一题一术，有的是多题一术或一题多术。

2013 年 11 月 11 日，《纽约时报·科学时代》纪念 25 周年特刊提出 25 个最富挑战性的科学问题，前言指出要义：科学并非答案之道，而是由好奇心所驱使的提问题之道。

提问题，既是人类文明发展的动因，也是城市进步的动力。

问题延展

1. 如何鉴别城市问题与城市课题的内涵与价值？
2. 如何形成将城市问题转译为城市课题的学术机制？
3. 如何建立问题导向下的城市规划思维和管理逻辑？

75 E. J. DETMOLD

《Fantastic Illustration and Design in Britain》
by Diana L. Johnson
1979

通感的城镇？

关键词：五觉感知　环境营造

学术逻辑

1. 山清水秀、风和日丽、鸟语花香，这些词语生动地描述了令人愉悦的环境中，人对五觉——视觉、听觉、嗅觉、味觉、触觉的真切感受，诱发人们对环境特质的认知：温暖的、怀旧的、自然的、健康的、令人垂涎的……

2. 利用五觉策略进行环境定制，是创造令人回味的空间特质的有效方法。古今中外，以五觉要素为依托的经典环境营造不胜枚举，古罗马的玫瑰风廊，中国的私家园林，美国和日本的五觉公园，法国的香水小镇、鲜花小镇，葡萄酒庄园等。

3. 以人为本是提升环境品质的基本原则，善用五觉感知丰富的人文和自然气息，体察人之敏感，美善空间，宜人身心。

策略启发

科技进步为空间环境五觉品质的提升，带来新的联想。

设计师鲁道夫·斯特凡里奇（Rudolf Stefanich）设计了一款名为 Sono 的家用消音器，看上去就像一个造型不规则的圆盘，将它贴在窗户上，就可以将噪声隔绝在窗户之外，同时还可以放大用户喜欢的某个声音。

其技术原理是运用主动降噪技术，选定某种噪声之后，产生一个与之反相的声音来进行叠加，从而降低甚至消除噪声。

问题延展

1. 如何将五觉要素应用为城镇规划的体验策略？
2. 如何以健康为目标设计城镇环境体系？
3. 如何善用自然规律，建造自然而然的城镇公园？

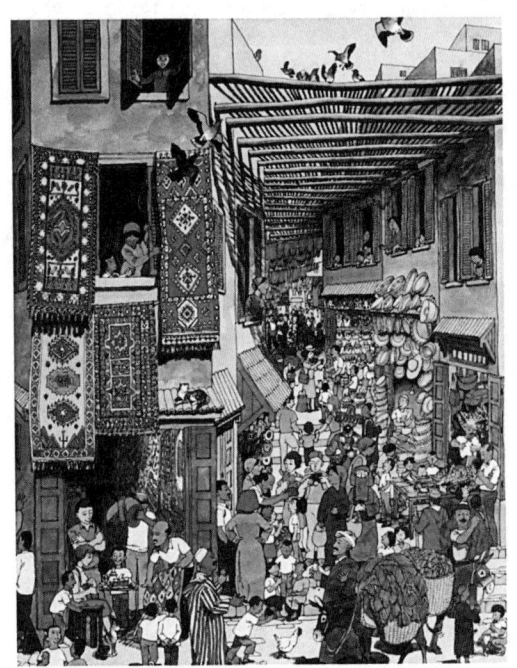

《The Great World Tour》
by Kamini khanduri
1999

有形载无形？

关键词：无形遗产　有形载体

学术逻辑

1. 无形遗产就是我们通常所说的非物质文化遗产。由于其依托人本身而存在，以声音、形象和技艺为表现手段，并以身口相传作为文化链为延续。可以说，无形遗产是"活"的文化中最精妙，也最脆弱的部分。

2. 因无形遗产的重要性和日渐消逝的紧迫性，如何有序、有效地通过系统储存和传承更显紧迫。在创造条件培养传承人才的同时，归纳和研制将无形转化为有形的方法，亦是实现无形文化遗产持续遗存和生长的重要前提。

3. 将无形遗产内在的原生基质、价值观念、衍生机制和评价标准等无形要素，通过规划、设计手段植入和形塑城镇空间、建筑体系、产品形态等现代生活的有形载体，在带来弥足珍贵的文化内涵之际，更使无形遗产的生生不息成为可能。

策略启发

民间传说主题公园，是现代主题公园发展中的新类型。它以无形遗产中的民间传说内容，作为公园主题。

因民间传说具有的地域性，民间传说主题公园也成为地域文脉传承和表达的一种有效方式。更因其有形的转化，不仅对民间传说、特殊记忆等的储存和传播起到了文化载体的作用，也带来民众观赏、主题教育、地方识别和学术研究等综合价值。

问题延展

1. 如何将无形遗产在城镇规划中有选择地视觉化？
2. 如何使空间和时间成为无形遗产的复合型载体？
3. 如何在传统无形遗产基础上衍生出具有新时代精神和地域气质的新文化？

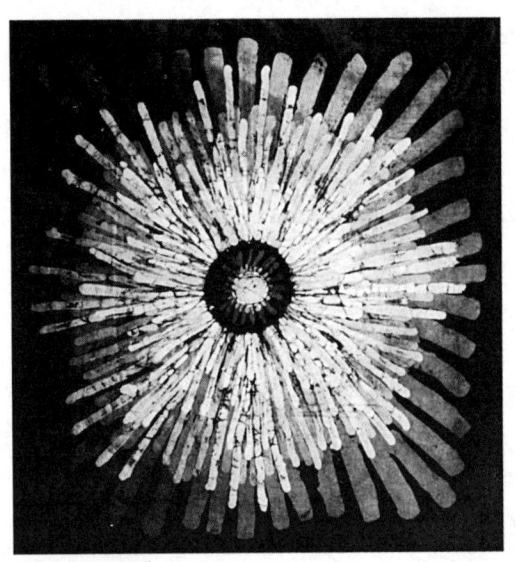

《Batik Art and Craft》
by Krevitsky，Nik
1964

虚实相弥?

关键词: 务虚研究　务实发展

学术逻辑

1. 吴冠中先生说:"脱离了具体画面孤立的笔墨,其价值等于零。"思想情感为标准,笔墨为工具。其内在意念隐喻了务虚与务实的关系。

2. 形而上的基础研究是很多企业缺失的部分;务虚往往被贬义描述为不切实际,虚实的二元对立,更是一个巨大的误会。

3. 虚实相互糅合,互为因果,是超越虚实的理性观。城镇化的知识体系建构,方法论的权重被大大低估,方向未定方案先行,这是城镇化过程中一种普遍的现象。

策略启发

法国历年高考作文题,基于"思想性具有决定性意义"的朴素教育观念,从学生时代起即培养每一个人对世界的整体认知,没有标准,目的务虚。列举几例:

与生俱来的欲望是否存在?自制力是否取决于自知之明?

是否所有的信仰都是与理性相悖?语言是否可以忠实地反映思维?

历史的客观性是否以历史学家的公正性为前提?期盼得到不可能的事情是否荒谬?

违背事实是否仍可能坚持真理?比起科学,艺术是否不那么必要?

问题延展

1. 如何把控方向、方法与方案之间的理性生成逻辑?

2. 如何定义形而上之道与形而下之术在城镇发展过程的价值权重与优先原则?

3. 如何在城镇规划中将无形观念与有形概念实现形态转化?

《A Natural History of New York City》
by John Kieran
1959

动态的城市动机？

关键词： 乌有乡　乌托邦　理想国

学术逻辑

1. 《道德经》第八十章中的"小国寡民"和《庄子·逍遥游》的"无何有之乡"，是中国古典学说中，对美好生存状态的代表性描绘；柏拉图（Plato）的《理想国》，是古希腊塑造的理性有德城邦的经典原型；16 世纪英国思想家托马斯·莫尔（St. Thomas More）提出的"乌托邦"，则给予了人们对理想的社会思想和行为以想象（Lewis Mumford）。

2. 美国城市规划理论家芒福德说："人类文明的每一轮更新换代，都密切联系着城市作为文明孵化器和载体的周期性兴衰历史。一代新的文明必然有其自己的城市。"田园城市、明日城市、广亩城市、生态城市、宜居城市、健康城市、遗产城市、可持续城市、低碳城市、智慧城市、海绵城市……不同时代背景、不同动机下的城市类型，应运而生。

3. 通过城市原型的梳理和城市类型的研究，理解城市发展的规律与路径，承前启后，为城市规划带来丰厚的文化滋养与观念指引，也是建构新城市类型的方向和方法的基础。

策略启发

《城市读本》广泛收录了关于城市研究和城市规划方面的经典和最新的文献。主编理查德·T·勒盖茨（Richard T. Legates）教授经常被学生问到，哪些是在某个研究领域最优秀的城市规划论文？哪一篇新发表的文章抓住了有关城市研究、规划学科某个领域的最新发展动向？

这本书就是基于这个动机而编著，它很快就成为世界各国规划研究、城市与区域规划、城市地理、城市社会学等课程的必读书目。

城市发展的每一个阶段，都彰显了人类追寻理想城市和幸福生活的价值观，它常常发轫于解决城市当下问题的朴素需要。一如英国学者彼得·霍尔（Peter Hall）对城市规划发展史亦或是动机逻辑的清晰勾勒——"从病理学，美学，功能，幻想，更新视野，纯理论，企业、生态以及再从病理学"。

问题延展

1. 如何朴素归纳未来城市的本质且永恒的动机系统？
2. 如何在多维价值视野下建立城市发展的优先原则？
3. 如何杜绝以偏概全的类型概念对城市发展观念的误解和误导？

《Find out》
by Daniel Q.Posin
1964

戏剧性生活？

关键词： 戏剧情态　空间形态

学术逻辑

1. 看一部电影，听一段音乐，欣赏一幅画，其中激发的情感勾连，会让人产生不可磨灭的记忆。它提供给我们一个不断可以把新的人生体验放进去的"空筐"。

2. 这种记忆储存，通过想象延展、艺术再生、跨领域表达的激活，转化为强大的商业价值，也许是一种有规可循的策略模式，最典型的案例莫过于迪士尼、环球影城。

3. 在城镇规划与空间营造之中，巧妙借鉴戏剧艺术原则，为城镇生活带来不同凡响的戏剧性体验。

策略启发

意大利插画师 Federico Babina 以 27 位著名导演的影像风格为灵感各绘制了一套房子。这些导演包括希区柯克（Alfred Hitchcock）、库布里克（Stanley Kubrick）、大卫林奇（David Lynch）……他捕捉这些电影大师电影语言的实质，提取一些标志性元素作为素材，转化为建筑造型。

建立一个文化旅游度假小镇，以此源于戏剧艺术的建筑类型为造型原型，规划为街道、客栈、酒吧、餐厅等功能，并各以其电影线索创意空间的内容与经营表达：场景、道具、装饰、音乐……

问题延展

1. 如何将"戏剧性"分解为未来城镇空间的特殊规划原则？

2. 如何在城镇中设置主题化和活态化的戏剧性空间系统？

3. 如何在戏剧性动机下设计城镇多维度、互动式的"观演机制"？

《Farmers' Market Favorites》
by Gooseberry Patch
2010

乡野大超市？

关键词：乡村商业　本地产销

学术逻辑

1. 在传统商业体系中，乡村一直作为食物和原料的生产地而存在。农产品在这里生产和聚集后被运往城镇市场和工厂，农民并不参与后续产品的增值收益分配，也极少能享受到优质商品。

2. 以三产融合为特征的乡村新型经济带来了新的商业模式。不同于"规模经济"，这种模式更多地体现为"范围经济"，即围绕当地农业、文化和生态资源，就地生产多品种、小批量、高附加值的产品系列并商品化。

3. 乡村商品具有很强的地方特色基因，其价值只有在当地消费或购买才能被充分感知和体现，商品之间不可分割、互相促进。这种有机复合的产销一体模式，将带动未来乡村商业的自信与繁荣。

策略启发

乡村旅游是法国人喜爱的一种休闲方式，每年有数百万游客到远离城市的偏远村庄进行消费。法国乡村产品开发十分重视产品的多元性、文化性、体验性和原真性，并发展出较为成熟的商业化运作体系，即"农户 + 企业 + 协会 + 政府"模式。在这种模式下，农户是主要经营主体；企业作为联系农户与游客的桥梁，是重要旅游服务供给者；协会作为联系政府与农户的桥梁，负责制定行业规范和标准，并为农户提供各种咨询培训和营销服务；政府则从宏观政策层面扶持乡村旅游发展，并通过实施多主体参与的乡村旅游目的地商业营销提高乡村旅游地的知名度。

乡村目的地商业体系构建应摒弃传统的规模化思路，在系统性规划和多样性凸显原则下，形成多方参与的产、供、销一体化格局。

问题延展

1. 如何通过三产融合形成全要素聚集的乡村目的地商业体系？
2. 如何建立乡村商业管理精细化、组织扁平化和信息对称化机制？
3. 如何通过制度设计将农民有机纳入乡村商业利益分配体系？

《Types of Drama》
by an unknown author
1993

演戏、入戏、出戏？

关键词： 戏剧原则　场所营造

学术逻辑

1. 我们往往孤立地看待戏剧这门艺术，以为戏剧就应该在剧院里发生，而作为观众，坐在剧院看一场演出，即完成了一项艺术活动。

2. 由布莱希特（Bertolt Brecht）、斯坦尼斯拉夫斯基（Stanislavski）和梅兰芳创立的三大戏剧理论，论述了出戏、入戏和演戏三种不同观念下的创作逻辑、观演形态和情感体验。

3. 城镇生活犹如永不落幕的连续剧，在规划中借鉴戏剧理论的观念与原则，创造出动态化、情境化的城镇空间和观演模式，将会为城镇生活带来不期而至的精彩际遇。

策略启发

话剧导演赖声川先生，受到藏族人神圣的宗教仪式"转山"的启发，反思为什么观众只能坐在台下观看的形式，而重新设计了剧场空间模式。赖声川先生让舞台居于中央，并让观众席围绕舞台缓慢地旋转起来，观众不只看到演员的一面，如同生活中不同角度的观察，舞台与观众席应融为一体。戏剧的冲突从台上演化至整个场域，观众不再是外在冷漠的欣赏者。

巴黎街边咖啡馆临街而设的座位区，在为休憩约会的人们提供舒适惬意的空间之余，更活脱脱地搭建了他们品赏市井秀色和行人姿彩的绝佳席位，一台互为观演的生活美剧生动上演。

问题延展

1. 如何理解戏剧艺术与城镇艺术之内在关联？

2. 如何利用出戏原则设计具有娱乐和教化效能的城镇特殊空间场域？

3. 如何利用舞台原型营造具有戏剧感的城镇生活？

《Forgotten Arts and Crafts》
by John Seymour
2001

城镇的博物馆化？

关键词： 系统要素　泛博物馆

学术逻辑

1. 博物馆的字面组合，"博"的抽象与"馆"的具象，让"博物馆"变得庄重与神圣。参观博物馆，被当作生活中的一件大事；而建造博物馆，似乎也是一件非举国家之力而不能的壮举。

2. 博物馆一词源于希腊语"缪斯庵"，为祭祀希腊女神缪斯（Muses）的祭坛和神殿，原意为"缪斯的遗产"。法国 1971 年首创的"生态博物馆模式"，使民众在活态情景下了解地方文化的同时，更有机会参与其再造。

3. 在"格物致知"的观念下，大到城市、小到社区、家庭，哪一处不是万物汇聚与知识学习所在呢？城镇化、社区化、空间化、流动化、观念化和活态化都将成为博物馆的崭新形态和趋势特征。中国当代艺术家蔡国强先生曾如是说："哪里都是博物馆。"

策略启发

"建筑生活美学"社区兴趣小组，仔细绘制了一个社区种植的 50 余种景观植物，结合同样手绘的社区地图，标注出这些植物在地图中的分布与方位。社区的小朋友，就可以通过这份地图，在社区找到相应的植物，认识并了解植物。社区的绿化景观，被演化为一个具有探索价值的植物博物馆。

有意识地规划和经营新型城镇空间的"博物馆性"，润物细无声地让启蒙发生。

问题延展

1. 如何在博物馆学的观念指导下审视城镇要素的未来性智识价值？
2. 如何利用形态多样的城镇空间设计丰富多彩的"泛博物馆"？
3. 如何评估和利用自然和文化基因，创造城镇博物馆创新主题？

LOUIS PASTEUR

《Louis Pasteur，Founder of Bacteriology》
by an unknown author
1964

功利性学术？

关键词： 学术研究　应用榫合

学术逻辑

1. 有心学术的企业，感知学术价值，创办企业大学与研究院，挑战在于，学术导向下的基础研究如何衔接应用需求。

2. 应对人们对基础研究和应用研究的简单划分提出的大量质疑，"巴斯德象限（Pasteur's quadrant）"（解决应用问题产生的基础研究）的理论阐释，打破了基于好奇心驱动的基础研究"玻尔象限（Bohr's quadrant）"和实践驱动的应用研究的"爱迪生象限（Edison's quadrant）"之间的隔绝。

3. 理解学术对于企业潜移默化的纯思维性启发，对应用背景引发的基础研究从政策上、项目组织和社会评价上予以重视，养成万物一事之价值观念，而非一时一物的榫合之用，让学术与技术之间自动粘合。

策略启发

普林斯顿高等研究院（Institute for Adranced Study），对世界科技进步与教育发展产生了极其深远的影响，"无涉利益的知识探寻"使其在实用主义、功利主义大同小异的主流行为导致的速度竞争中，创造了以观念致胜的加速度。

问题延展

1. 如何在城镇发展中规制学术思维与技术思维之辩证逻辑？
2. 如何在多维价值视野下建立城镇基础性研究与应用性研究的综合评价模式？
3. 如何建立跨专业观念统筹下的城镇化研究平台？

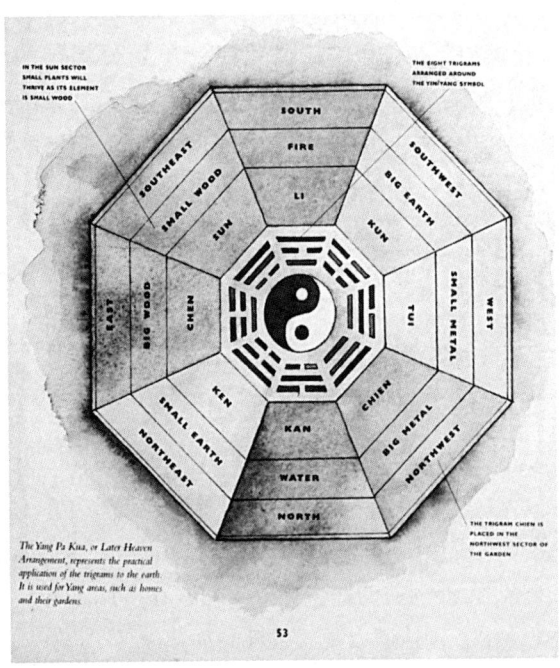

《The Complete Illustrated Guide to Feng Shui for Gardens》
by Lillan Too
1999

复杂的关系？

关键词： 要素解构　系统建构

学术逻辑

1. 机械论和系统论，是两种认知事物的重要方法。机械论认为事物是由各种要素组成的，通过分析要素便可以了解事物本质和发展规律。系统论则强调，除事物要素之外，要素之间复杂的关系，更是决定事物本质及其发展规律的关键。

2. 苏格拉底（Socrates）说："整体大于部分之和"。系统是由相互联系、相互作用、相互依赖的要素构成，系统中缺损某一应有的要素和相互关系，就不能建立完整自洽的生长机制。因此，要素及其关系的合理性解构与建构，是事物要素与系统研究的基础。

3. 城市学家刘易斯·芒福德（Lewis Mumford）称："从局部去了解事物，是科学；从整体的角度去把握，则是艺术"。面对丰富多变的城市，如何解析要素及其复杂的关系，透视局部与整体的逻辑，对透视城市本质和发展规律，显得尤为重要。

策略启发

研究城市研究的方法工具，是城市研究院的首要工作之一。

对系列研究方法要素及其逻辑关系的设计，是此工作的重点和难点。包含不同要素的城市价值工具、规划工具、设计工具、评价工具等工具体系由此得以逐步建构。如社会、经济、环境、科技、政治和文化六大要素组成城市价值工具系统；动机、观念、要素、原则、概念、策略、标准和变数八大要素组成设计工具系统等。

结合多维导向的思维逻辑，不同工具及其要素之间的互动关系，构成了系列完整并充满可塑性的新城镇规划研究工具系统。

问题延展

1. 如何艺术地创造城市的新要素类型？
2. 如何在未来视野下持续规划和优化城市要素之间的关系体系？
3. 如何在机械论和系统论的启示下创新城市研究工具？

《What Comes Out at Night》
by Peter Sloan
1995

夜，如何生活？

关键词：夜间经济　小镇活力

学术逻辑

1. 夜光下有着不同于日光下的迷人之处，如同美图秀秀掩盖掉皮肤褶皱和泛黄肌肤，世界增加几分对姿色的想象力。

2. 夜晚带来神秘感的同时，也会令人不安。灯火通明是吸引人夜生活的必要元素，但城外的小镇，未必能满足人们这样的需求。因为公共服务少，资源不匹配，小镇一到夜间便陷入沉寂。

3. 小超市、饭馆、加油站以及明亮的小镇欢迎牌，不足以构成人们走进夜间的理由，也自然无法刺激夜间的经济。合理的业态组合结合艺术化的创新策略，从精神生活的丰富着手，刺激小镇的夜间经济，甚至带来小镇独特识别的意外之喜。

策略启发

基于以上事实，城市研究院"公共艺术"课题顾问中国人民大学艺术学院陈炯教授在考察了八达岭孔雀城之后，萌生了一个互动艺术装置的创意：喊山。

从社区入口蔓延满天星的 LED 彩灯，延伸至影影绰绰的远山，喊山的分贝越大，声控的灯光蔓延至更远。

问题延展

1. 如何通过夜间产业链的系统设计，提高未来城镇的新经济效能？
2. 如何创造性规划合情、合理、合法的全天候城镇生活与生产机能？
3. 如何在创新思维导引下构建新城镇夜间营销策略？

《Chinese Porcelain》
by William Giuseppi Gulland
1902

创新源自遗产?

关键词： 新遗产观念　创新标准

学术逻辑

1. 一个地方成为家园，应该有维持他们精神上的根及与往昔的联系。我们说一个人和一个地方有独特性，大抵都是从他的过往和历史生成印象。

2. 一个城镇应征询大部分人的意见：什么能体现或代表他们与这块土地息息相关的命运。一旦有意义的事件和地点被选中，就要对它进行建设、保护与修缮，强化其公共意义。从城镇规划的角度，保护你的历史，也即独特性，就是创新。

3. 文化的"储存、传承与创造"是城镇发展的"基本使命"。"遗产"作为人类"灵妙化"发展的重要产物，其中蕴含的普世观念，对城镇文化标准的创新可能带来经久不衰的启发。

策略启发

位于波特兰的一个城镇，汇聚了包括美国本土和爱尔兰、斯堪的纳维亚、非洲裔、德国、俄罗斯、东欧等全球移民，人们迫切需要能代表他们发出的声音的偶像，以凝聚社群情感。

设计师认真听取不同族群社会的故事，倾听这些群体的共同经验，提炼出马丁·路德金（Martin Luther King）著名的演讲金句，在 40 块街景装置中发展城镇故事，创建了一个关于这些故事与过去和未来的居民对话的空间。

问题延展

1. 如何多维度解析蕴含在文化遗产体系（如世界文化遗产评价标准体系）中的普世观念？

2. 如何在原生文化基础上活态化衍生和创造具有地方特色的新城镇文化？

3. 如何在创新视野下评价形态仿古与神态仿古之价值差异？

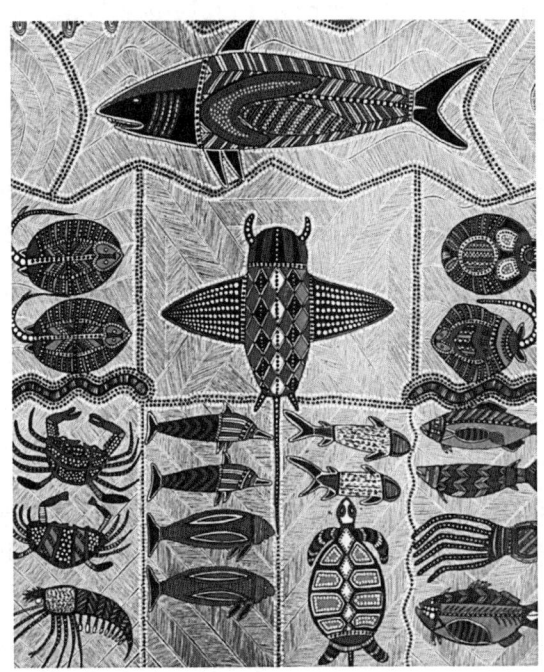

《Ecology》
by Peter D. Stilling
1996

公交美学？

关键词：艺术样态　公交场域

学术逻辑

1. 2008 年北京奥运会闭幕式，代言伦敦的红色双层大巴开进鸟巢，带来耳熟能详的英国人文形象，接纳奥运精神，极具艺术情趣与象征意义。

2. 承担城市基本服务功能的公共交通体系，无论是动态的机动车、站场空间还是全城通达的线性道路，是我们行走城市高频出现、视若无睹之物，抑或可以成为提升城市美学涵养的特殊载体。

3. 把美学性作为与快捷性、安全性、舒适性、经济性和生态性同等遵循的公共交通设计原则，用艺术标准对城镇公交体系进行重新定义、创意和创作，创造别具一格、活色生香的新城市景观。

策略启发

公共大巴外观，前后侧面都常常辅以平面设计或广告宣传美化，而车顶基本上在设计中被习惯性视为盲区而被忽略。大巴在城市中穿行，车顶是高层建筑可视的移动界面，艺术性地加以利用，比如绘制盛放的花朵，游走的鲸鱼，则可以产生不凡的流动风景线。

问题延展

1. 如何将美学原则纳入城镇公共交通系统规划？
2. 如何引入艺术方法设计个性化城镇公共交通工具？
3. 如何设计和审视城镇公共交通的动态之美？

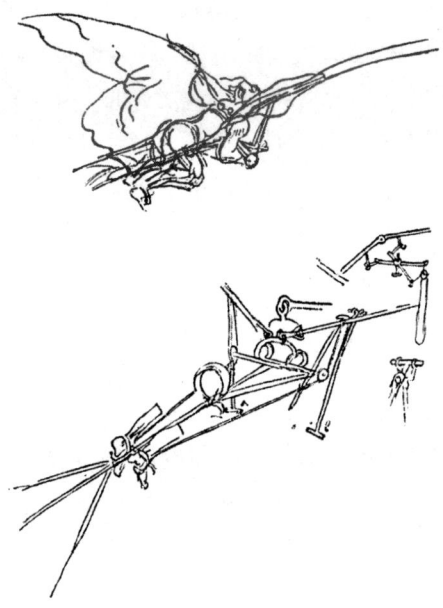

《The Inventions of Leonardo Da Vinci》
by Charies Harvard Gibbs-Smith
1978

达·芬奇密码？

关键词：艺术思维　技术创意

学术逻辑

1. 古希腊名言说：“熟练的画家只需要窥得一斑，就能画出全局，得见雄狮一爪，即能雕出全狮”。

2. 人们常常认为，艺术是一种感性思维，其实 15 世纪，绘画对于知识的价值已经显现，绘图成为技师和工程师理性的表达方式、实现方案的工具。

3. 运用艺术思维的想象张力和造型能力，是技术创意腾飞的助推器。在这一领域的极致应用与实践，苹果是当之无愧的标榜。

策略启发

达·芬奇（Leonardo da Vinci）是一个超越时代的天才，他即是一位艺术家，也是一个发明家。艺术家的他，得益于自己娴熟的绘画技能，采用前所未有的绘图方式，将机器的设想，分解到最细致的零件，对其进行精确的解构，从而体现出技术的全局和细节，有效地通过静态构件的展现，解释机械的运作方式。由此留下了大量的关于飞行器、战争机械、工作机械等伟大的技术创意与发明。

学术研究，艺术思维和技术创意，在他身上近乎完美地融会贯通。

问题延展

1. 如何分解学术、艺术和技术语言在城镇规划与设计中的共性和特性？
2. 如何艺术地呈现城镇化方法系统中的学术价值？
3. 如何训练达·芬奇式的“全能造型艺术家”？

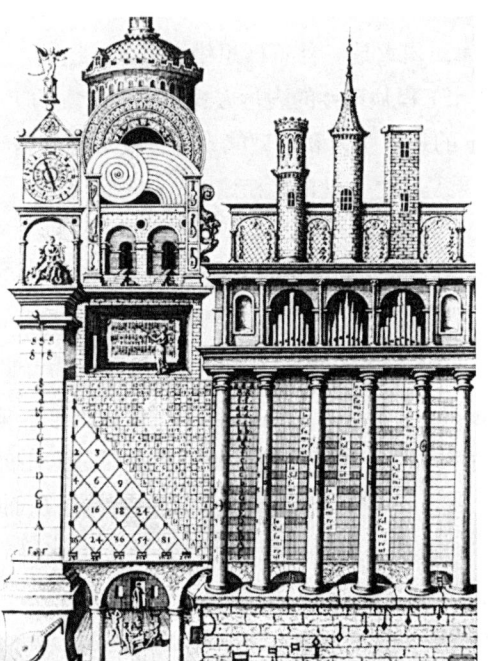

《Music：the Art of Listening》
by Jean Ferris
1988

空间悦耳？

关键词： 音乐气息　公共空间

学术逻辑

1. 莎士比亚（William Shakespeare）说："内心没有音乐，会导致犯罪"。经常性的，一些大型的公共空间，不知是因为忽略还是嫌麻烦，一年四季，每日每夜，都循环播放着同样的音乐，令经过停留的人不堪其烦。

2. 同样的空间，放着不同的音乐，比如《小苹果》或者是《Singing In The Rain》，空间立即呈现不同的气质。空间类型众多：露天的、室内的；热情的、安静的；流淌的、停留的；优雅的、交互的……同样类型繁多的音乐，承担着唤起人们各种想象与情绪的功能，挑动身体内在的韵律……

3. 有魅力的空间具有属于自己特定的音乐属性，需要专业性、策略性的思考与设计。如果恰如其分、对应得当，人们会留下难以忘怀的记忆。

策略启发

或许人们从来没有想过，一个房地产开发企业，需要一个音乐总监。因为销售不同风格的项目，为不同的客户提供不一样的居所，每一个卖场空间，其实都需要相应的音乐风格的定制。这些不同风格的售楼处，播放着不同的经过专业规划的音乐类型专辑，是否能够在流行的网易音乐或 QQ 音乐的 App 中，设置有项目风格联想的音乐栏目，成为一种品牌传播手段。

问题延展

1. 什么是空间的音乐性？
2. 什么是"内心的音乐"？
3. 如何使城镇空间具有独特的音乐性？

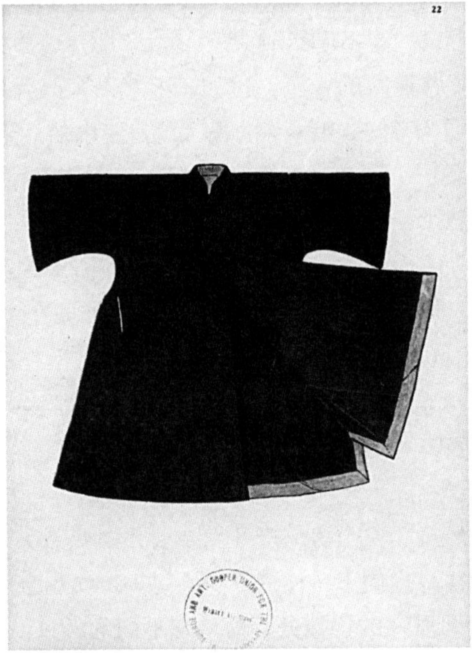

《Apollo Expeditions to the Moon》
by an unknown author
1975

原生的原创？

关键词： 原生机制　原创契机

学术逻辑

1. 从嘉善到无锡，本以为能看见美丽的乡村，但绵延不绝映入眼帘的，都是欧式三段的拷贝，新古典的浓妆艳抹。从屋顶的简单与奢华程度，依稀辨别贫富差异。

2. 这样的文化移植，贯穿南北，不仅乡村个体，更是大规模城镇开发的共性。以文化的姿态指点好坏，精英优越意识未免不解风情，满足对先进生活的向往与急迫性，同样是建设者需要平衡的技能。

3. 原创是原生之上的再创，善于利用优良的地方遗存，加以运用于城市开发的新兴功能，是创造更有底气和张力的发展机遇、造就未来城镇新精神的根本。

策略启发

城市研究院文化应用研究专家朱晓军先生在环北京文化研究"文化磁极"的课题研究过程中，梳理了环北京及 G45 沿线 25 个区县的文化基因库，提炼要素，可充分应用在每一地的产城开发中。比如，所建房地产开发的售楼处，都是当地文化风俗博物馆。

《启蒙》杂志第三期"文化磁极"专题，呈现了此研究的过程动态。

问题延展

1. 在新城镇发展中如何甄别和建立地方传统文脉系统？
2. 如何将原生文化基因现代化和生活化？
3. 外来文化与原生文化如何有机共生，孵化具有未来价值的新文化？

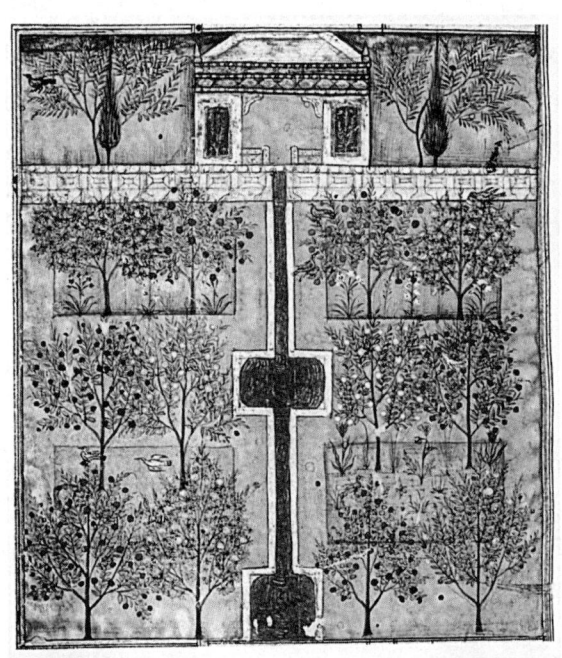

《Oriental Gardens》
by Norah M. Titley
1992

自然而然的自然？

关键词： 原生植被　生态视界

学术逻辑

1. 视界是天体物理名词，出自广义相对论，譬如黑洞的界面，里面发生的事件不会被黑洞外的人所了解，只能观察到此，即为一个视界。

2. 人类的冒险精神与资源需求，使地球上完全由自然形成而未受到明显人为影响的植被，即原生植被，越来越稀有。生态问题与物种多元的必要性凸显，"禁足"成为环境保护的一种行为倡导。

3. 在城镇建设中规划人类行为禁区，保护和恢复原生植被和动物生存自然机能，建立"生态视界"，使之成为人类与环境相处的一种基本观念和模式，实现可持续的共生共赢。

策略启发

瑞典马尔默（Malmö）BO01 明日之城，是欧洲住房展览会的一部分。在房地产开发中，其自然生境的社区绿化观念，在保护和营造方面的用心，值得借鉴。

保护方面，场地整理之初，环保和科研机构进行地毯式物种搜索以及土质水文测试，项目开工之前，原生物种妥善移植和保护，项目后期景观设计时全部回移养植。

营造方面，结合雨水收集池塑造大量"生态岛"，以保护植被与动物栖息的独立性，水边野鸭的窝，树林中刺猬、野蜂、蝙蝠的巢和青蛙的冬眠处，皆不被人打扰。

问题延展

1. 如何在城市区域有机规划永久性"自然特区"？

2. 如何评价原生生态系统的综合价值？

3. 如何辨识和规制自然资源的利用性保护和生态性保护？

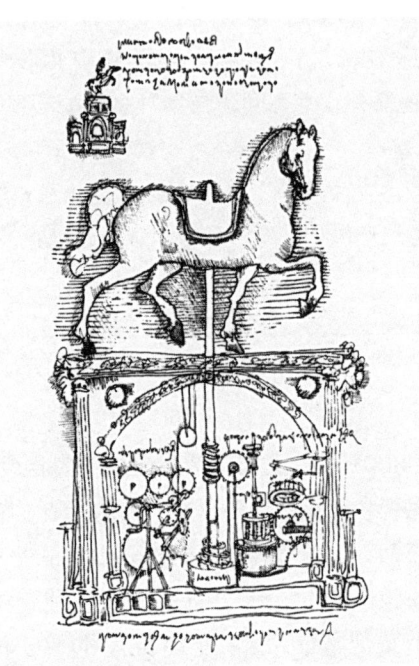

《Freud's Da Vinci》
by Podwal，Mark H
1977

原乡的生产与生活？

关键词：职业教育　在地创业

学术逻辑

1. 人们不远万里，离开家乡，去大城市寻找工作机会，它带来一系列显性的问题，城市压力，留守儿童，城乡落差加剧……

2. 如何平衡地区差异是新城镇化进程的重要命题。创造性发现与挖掘本土生产资源，使产业、企业、创业与就业多位一体，是实现原驻民工作与生活本地化的重要策略。

3. 通过多产业、多专业集合的职业教育模式，辅以互联网和物流新技术对创业的支持，为原驻民本地化发展带来新的契机。

策略启发

中国台湾建设富丽农村运动，通过土地政策、技术引入、就业辅导、金融支持、环境美化、营销拓展等组合策略，吸引大学生和专业技术精英纷纷下乡创业，成为近四十年来的一种趋势，返乡务农已经成为台湾令人向往的生活方式。

基于对城市需求的了解以及新技能的把握，大学生返乡创业激活本土资源价值，不仅带回全新的观念和技术，可成为当地学习的范式。

本地应通过提供积极的职业教育、政策便利和资金支持，建造优良的生产与生活环境，鼓励本地民众在地创业和就业，在带动地方发展的同时，也因此提供了吸引外来人才的有利条件。

问题延展

1. 如何因地制宜规划地区可持续的原生性产业发展模型？

2. 如何发现和引入外部战略性生产要素？

3. 如何建立内外学术协同的全维度终身职业教育体系？

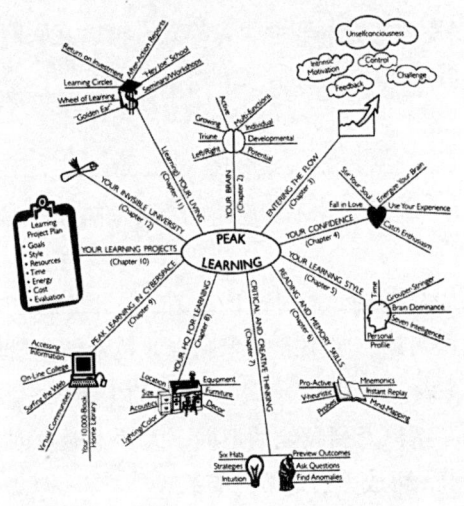

《Peak Learning》
by Ronald Gross
1999

幸福源自工作?

关键词： 终身教育　就业能力

学术逻辑

1. 就业类型、就业机会、就业率、就业政策、就业能力和就业收入是评价一个地区活力的指标群，就业能力是其中的核心，而受教育程度和就业能力密不可分。

2. "终身教育"这一术语在 1965 年由法国人保罗·朗格朗（Paul langrand）首次提出，主张在一个人一生中不同阶段，都能以最适合的方式获得必要的知识和技能。创造不断学习、适合自身学习以及不同方向的学习条件，能够有效地帮助个体应对就业能力的要求。

3. 有意识地把文化组织、社区组织、职业协会和企事业单位纳入终身教育系统，充分利用社会各种具有教育力量和教育价值的资源和设施，使教育社会一体化，以提高城镇居民的可持续就业能力，是城镇化不可忽略的重要策略。

策略启发

在城镇的开发过程中，将图书馆、职业教育以及电脑与网络配置等软硬设施，引入每一个工地，成为工地的标准配置，以引导农民工拓展视野、丰富生活、技能储备，甚至再就业，这是华夏幸福正在实施的"幸福工地"计划的一部分。

问题延展

1. 如何提高城镇新型就业机会的数量和比例？
2. 如何在本地居民与外来人员之间平衡分配就业机会？
3. 退休人群如何成为城镇终身教育体系的有效资源？

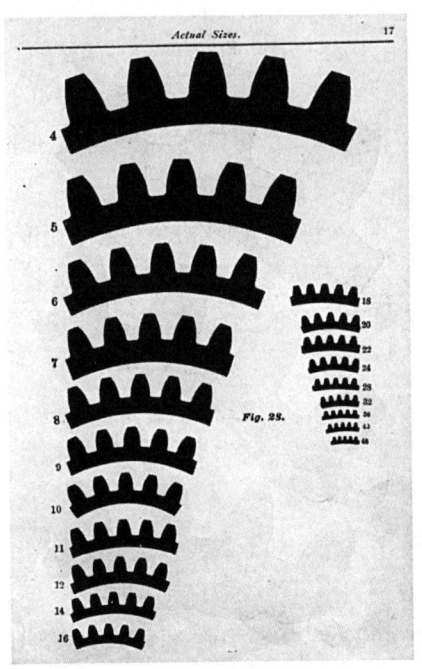

《A Treatise on Gear Wheels》
by Grant
1897

经济与文化的双簧戏？

关键词： 主题城镇　产业互动

学术逻辑

1. 城镇具有主题性的、符号化的文化内涵和由此滋生的特色识别，是吸引人们前往的魅力之源。

2. 合情合理的主题产业性延展，经济与文化互哺，则使主题进入城镇生命力持续的正循环。

3. 特色鲜活的城镇性情，在时间、空间和价值等多重维度，与产业系统有着互为因果的关联度。

策略启发

因聚集大量二手书店、古书店、特色书店而闻名的英格兰书香小镇 Hay-on-Wye，是一个很好的主题小镇发展示例。

因为这个特点，这个小镇成了爱书人的天堂，文学爱好者的朝圣地，藏书家的藏宝图，作家们作品的宣传场所，一个名副其实的书香主题小镇。

问题延展

1. 如何从生物学逻辑衍生可持续生存的城镇产业基因体系？
2. 如何创建具有文化个性与产业弹性的活态化城镇主题？
3. 如何设计和维护地方人文要素与城镇新兴产业之间的繁衍机制？

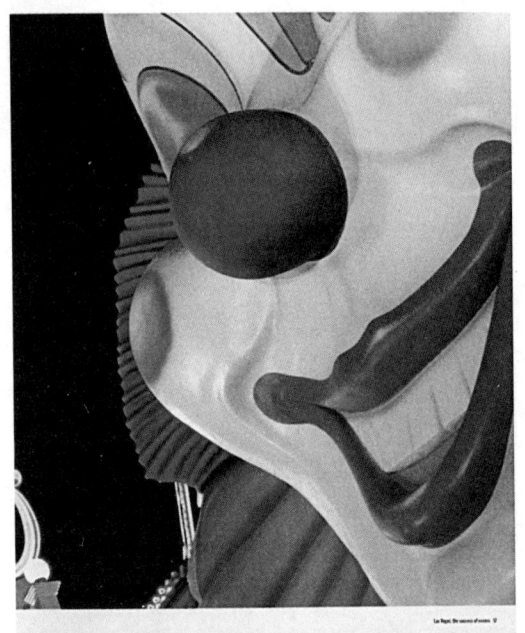

《Las Vegas: the Success of Excess》
by Frances Anderton
1997

如何聪明地成长？

关键词： 资源禀赋　资本增效

学术逻辑

1. 人们都羡慕有禀赋的人，遗憾有禀赋而不自知的人，发现、挖掘、运用自己的禀赋，是聪明的成长。这和一个区域是否能够理想发展同理。

2. 你有什么？你能吸引什么？吸引的和拥有的，目标是否一致，能否相互催化？显性的资源禀赋如何不被浪费，隐形的资源禀赋，如何创新驱动，借助外力放大？或者，由此发展出新的禀赋？

3. 内在及外来资源禀赋是所有城镇的发展基础。资源与资本的有机协同，将为资源体系的持续价值增量提供动力。对具有边际价值弹性的战略资源的孵化，更可能为城镇蓄积可观的发展后劲。

策略启发

拉斯维加斯（Las Vegas）是在原生资源匮乏条件下造就的沙漠小镇。一个看起来毫无资源禀赋的被荒凉的石漠和戈壁包围的荒蛮之地，如何利用距离与区隔这种"缺陷"，借助内华达州议会通过的特殊产业政策创新，如博彩、色情的合法议案，创造出与现实社会的疏离感、海市蜃楼的现实感，发展出独特的新城镇发展之路。其中的诸多创新思维不无借鉴意义。

问题延展

1. 如何有效甄别战术性和战略性城镇资源类型？
2. 如何在可持续观念下激发和释放不同资源类型的产业化价值？
3. 如何利用资本杠杆整合内外资源的融合与再生机制？

《Atlantis Illustrated》
by H. R. Stahel
1982

资源的厚度和温度?

关键词：资源导向　战略规划

学术逻辑

1. 在城市战略发展规划中，"资源导向"和"目标导向"是两种不同的原则，前者以资源禀赋和厚度为前提，后者以理想愿景为内生动力。

2. 目标导向的战略规划经常面临的窘境是有愿望，却由于缺乏高品质的类型资源、理想方向难以转换成有效方案。如何储备和加大城市资源厚度，以资源导向为战略规划充要前提，为方案制定充实底气，是资源导向思维对此的理性支持。

3. 不同的分类原则下，资源类型包括但不限于自然资源和文化资源、原生资源和原创资源、物质资源和精神资源等。资源获取的方式则包括学术研究、类型孵化和系统引入等，通过在资源生发的不同阶段的融合，以此协同战略规划实施的速度和品质提升。

策略启发

城市研究院《启蒙》杂志"先进研究"专题，就是一次在跨专业和跨文化范畴下对世界高品质智力资源系统的动态观察和整理工作。

基于企业动机、产业发展的角度，杂志遴选了全球领先的数十家研究机构——生物基因、人工智能、能源环境、航空航天、新型材料、未来教育、现代农业……了解它们产生的背景、关注的方向、课题的类型、研究的逻辑以及思维的模式，通过梳理和认知世界级研究机构学术动态和技术革新规律，为未来城市战略规划探索具有创新价值的先进思维和潜在智力资源。

问题延展

1. 如何定义发现和规划战略型城市资源系统？

2. 如何在跨专业、跨行业和跨区域视野下创造新资源类型？

3. 如何在战略目标导向下创造性利用源自地方传统智慧资源？

《Church Architecture》
by Henry Hudson Holly
1871

空间的信仰？

关键词： 宗教文化　场所模型

学术逻辑

1. 宗教是随着人类社会产生而逐渐形成的一种特有的文化现象。从最初以自然崇拜、图腾崇拜为主要特征的原始宗教，到后来有了成熟教义和规则的国民宗教、世界宗教，宗教文化不断演变并渗透进人类文化的每一个毛孔。

2. 宗教文化以信仰为核心，从基本教义、组织结构、行为规范等基本要素出发，逐步外化到意识形态、哲学、政治、法律、伦理，以及文学、诗歌、建筑、绘画、雕塑、音乐等艺术形式，带给人类无限的精神价值。

3. 维克多·雨果（Victor Hugo）曾说："人类没有任何一种重要的思想不被建筑艺术写在石头上"。宗教文化场所一般以建筑为空间分割和载体单元，形成可以被认识和感知的重要存在形式。不同教派、不同地域、不同历史时期的建筑都有不同形制，但必须遵循教义和体现基本思想，这些基准再加上地域特征和表达诉求，是构建场所模型的一般原则。

策略启发

多哈伊斯兰艺术博物馆（Museum of Islamic Art）是迄今为止最全面的以伊斯兰艺术为主题的博物馆。这是建筑大师贝聿铭先生的封笔之作，已被卡塔尔视为新的国家象征。为了追寻伊斯兰建筑的本质，贝聿铭在中东考察数月，研读典籍，到埃及、突尼斯等地采风，才有了博物馆摄人心魄的完美呈现：白石灰石堆叠的外墙折射在蔚蓝的海面上，典型的伊斯兰风格几何图案和阿拉伯传统拱形窗柔和隽永，透过银色穹顶下的巨幅玻璃幕墙可以望见碧海金沙。

在场所构建中，宗教文化传承和现代主义诉求都是无法回避的话题。正如贝聿铭先生所言：所有严肃的建筑，都应该在过分感伤地怀旧和患了历史健忘症两者之间找到一个恰当的折中。

问题延展

1. 如何从多样的宗教文化形态中抽取空间创新的普遍原则和应用模型？
2. 如何结合地域特色，通过场所规划、设计和运营，提升当地文化内涵？
3. 如何以宗教文化场所为载体，形成经济发展和文化交流的互促机制？

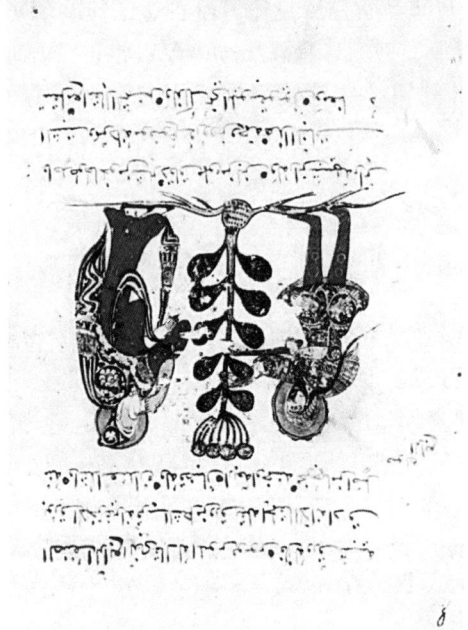

《Art of the Arab World》
by Esin Atil
1975

虔诚的里子与面子？

关键词：宗教原旨　文化衍生

学术逻辑

1. 每年 12 月 25 日，当我们相互说着"圣诞快乐"的时候，我们可能都不是基督徒。这个纪念耶稣诞生的节日原本只是教会内部的弥撒活动，而今已然成为全球性公众节庆，并衍生出各种文化元素。

2. 宗教原旨是宗教创立之初的基本教义，是一切宗教文化现象的源头。原教旨主义于 19 世纪末最先在基督教内出现，不过可以追溯到更早（应与宗教极端主义相区分）。它与宗教改良主义既对立又统一，使宗教文化能够随不同时间、地域、人群演变适应，又不失其本源。

3. 当代宗教文化已经极其庞大繁杂，可分为宗教内部和世俗社会两个体系。每一种宗教文化现象都能从两个体系找到映射关系，其发生机制可能类似于弗洛伊德的投射理论。如探寻整个艺术史，可以找到一条比较清晰的脉络。

策略启发

2013 年，中国台湾地区内政部门推出了"迎向世界——台湾宗教文化创意沃土计划"，用于激活岛内宗教文化资源。计划包含四大方案：积累宗教文化深度与内涵的"文化扎根方案"，降低宗教文化对公共环境负面影响的"里仁为美方案"，规划标志性宗教观光旅游圣地的"宝岛星光方案"，以及整合网络平台的"网际百科方案"。其中，"宝岛星光方案"推出"台湾宗教百景"评选，涵盖佛教、道教、基督教、伊斯兰教、原住民宗教等，评选结果纳入"台湾宗教文化地图"，在岛内外进行行销。

宗教文化是人类宝贵的文化资源，通过适宜的文化创意策略，开发内涵丰富的文化产品，增强包容性、体验性和互动性，就能显现出巨大的社会、经济、文化综合效益。

问题延展

1. 如何在城镇文化规划中建立与宗教文化的内在联系？
2. 如何善用宗教文化启蒙城镇创新观念和发展策略？
3. 如何结合宗教原旨和现代观念创制城镇文化产品？

延伸阅读

1. 《America Indian Games and Crafts》by Charles L.Blood 1981

2. 《Christmas》by Ingeborg Relph 1991

3. 《Paradise Found？ Paradise Lost？》by Herbert H. Smith 1991

4. 《Modern Arts Criticism》by an unknown author 1993

5. 《Water Plants》by Laurence P. Pringle 1975

6. 《Legalized Gambling》by Andy Hjelmeland 1998

7. 《People Talk about Their Housing》by Boston Public 1987

8. 《Creative Illustration Book 1990》by Creative black book 1989

9. 《Hand Reading》by Lori Reid 1999

10. 《Bridges》by Scott Corbett 1978

11. 《Man on the Moon》by James Throneburg 1961

12. 《Great Exhibition of the Works of Industry of all Nations》1851

13. 《Animals that Build Homes》by Kyle Carter 1995

14. 《An Ansel Adams Guide》by John Paul Schaefer 1992

15. 《Expressionist Architecture in Drawings》by an unknown author 1985

16. 《The Art and Science of Creativity》by George F. Kneller 1965

17. 《Champions》by Bill Littlefield 1993

18. 《Art，the Critics' Choice》by an unknown auther 1999

19. 《The joy of Hand Weaving》by Osma Galinger Tod 1977

20. 《Architects Make Zigzags》by Roxie Munro 1986

21. 《Stones for Building》by George P. Merrill 1891

22. 《One world，One Myth》by Emilia Rathbun 1972

23. 《Squares》by Amold Shapiro 2001

24. 《The Yellow Stone Story》by Aubrey L. Haines 1977

25. 《The Art of the Piano：Drawing》by John Diebboll 2000

26. 《Garden Design Illustrated》by Grant，John A. 1954

27. 《Farm》by Richard Rhodes 1990

28. 《Environmental Science》by G. Tyler Miller 1991

29. 《The Future Out of the Past》by Arthur W. Pearce 1964

30. 《Cities》by Lawrence Halprin 1963

31. 《What to do about Market Street》by unknown author 1962

32. 《The Comprehensive Plan: Transportation》by SFO.Dept.of City

planning 1971

33. 《The shad are Running》by Judith St George 1977

34. 《The American Biking Atlas & Touring Guide》by Sue Ellin Browder 1974

35. 《The Town》by Conrad Richter 1950

36. 《Human Settlement》by John R. Short 1992

37. 《The Creation of Sculpture》by Jules Struppeck 1952

38. 《Ryn，the Wild Horse》by Bohumil Riha 1971

39. 《Greenhousing for Purple Thumbs》by D.X.Fenten 1976

40. 《Tools in Your Life》by Irving Adler 1956

41. 《Art in East and West》by Benjamin Rowland 1963

42. 《Agricultural Plants》by R. H. M. Langer 1982

43. 《Ethnic Sculpture》by M.D.Mcleod 1985

44. 《Japanese Festivals 》by Helen Bauer 1965

45. 《Folk Hearts》by Cynthia V.A. Schaffner 1984

46. 《Treasury of Witchcraft》by Harry Ezekiel Wedeck 1961

47. 《Festivals》by Ruth Manning–Sanders 1985

48. 《Land Navigation Handbook》by W. S. Kals 1983

49. 《The Moffat Museum》by Eleanor Estes 1983

50. 《Bullfight》by Peter Buckley 1958

51. 《I Opened the Gate，laughing》by Mayumi Oda 2002

52. 《 Exploring Science Through Art》by Phyllis Katz 1990

53. 《The Biggest Nose》by Kathy Caple 1985

54. 《Aesthetics a Critical Anthology》 by George Dickie 1971

55. 《Maps Mean Adventure》by Christie McFall 1961

56. 《Our Globe，Our World》by Kate Petty 1993

57. 《Green Development》by Rocky Mountain Institute 1998

58. 《Folk Crafts for World Friendship》 by Florence Tempo 1976

59. 《Festivals》by Ruth Manning–Sanders 1985

60. 《Color：Universal Language and Dictionary of Names》by Kenneth Low Kelly 1976

61. 《Chinese Watercolours》by Josef Hejzlar 1978

62. 《Pieced Vegetables》by Ruth B.McDowell 2002

63. 《Preserving the Family Farm》by Mary C.Neth 1994

64. 《Graphic Illustration》by Marta Thoma 1982

65. 《The Art of Container Gardening》by Faith Whiten 1986

66. 《Apollo Expeditions to the Moon》by an unknown author 1975

67. 《Rainbow Town》by Clive Taylor 2001

68. 《Model Building and How to Make Them》by Harvey Weiss 1979

69. 《Neighborhoods》by an unknown author 1973

70. 《Effective Schools and Classrooms》by David A. Squires 1983

71. 《Frederick Law Olmsted: Partner with Nature》by Johanna Johnston 1975

72. 《San Francisco Bicycle Plan》by San Francisco. Dept. 2004

73. 《Garden of Delight》by Miles Hadfield 1964

74. 《The Hill House》by Anne Ellis 2001

75. 《American Folk Art in Wood, Metal and Stone》by Jean Lipman 1948

76. 《Contemporary American Folk Art》by Chuck Rosenak 1996

77. 《Why Buildings Stand Up》by Mario Salvadori 2002

78. 《The Illustrated Encyclopedia of Knowledge》by an unknown author 1957

79. 《Fantastic Illustration and Design in Britain》by Diana L. Johnson 1979

80. 《The Great World Tour》by Kamini khanduri 1999

81. 《Batik Art and Craft》by Krevitsky, Nik 1964

82. 《A Natural History of New York City》by John Kieran 1959

83. 《Find Out》by Daniel Q.Posin 1964

84. 《Types of Drama》by an unknown author 1993

85. 《Forgotten Arts and Crafts》by John Seymour 2001

86. 《Louis Pasteur, Founder of Bacteriology》by an unknown author 1964

87. 《The Complete Illustrated Guide to Feng Shui for Gardens》by Lillan Too 1999

88. 《What Comes Out at Night》by Peter Sloan 1995

89. 《Ecology》by Peter D. Stilling 1996

90. 《The Inventions of Leonardo da Vinci》by Charies Harvard Gibbs-Smith 1978

91. 《Music: the Art of Listening》by Jean Ferris 1988

92. 《Oriental Costumes》by Max Tilke 1922

93. 《Oriental Gardens》by Norah M. Titley 1992

94. 《Freud's Da Vinci》by Podwal, Mark H 1977

95. 《Peak Learning》by Ronald Gross 1999

96. 《A treatise on Year wheels》by Grant 1897

97. 《Las Vegas: the success of excess》by Frances Anderton 1997

98. 《Atlantis Illustrated》by H. R. Stahel 1982

99. 《Church Architecture》by Henry Hudson Holly 1871

100. 《Creative Illustration Book 1990》by Creative black book 1989

101. 《Art of the Arab World》by Esin Atil 1975

102. 《The Art Sewing》by Time–Life Books 1974

103. 《Watersheds: A Practical Handbook for Healthy Water》by Clive Dobson & Gregor Beck 1999

104. 《Moonbeams, Dumplings & Dragon Boats》by Nina Simonds & Leslie Swartz 2002

105. 《Skylines》by Floy Winks Delancey 1969

106. 《Toilets of the World》by Morna E. Gregory & Sian James 2009

107. 《Farmer Jane: Women Changing The Way We Eat》by Temra Costa

108. 《More than an Opera House》by Ava Hubble 1983

109. 《Secrets in the Fields》by Freddy Silva 2002

110. 《The New Agritourism: Hosting Community and Tourists on Your Farm》by Barbara Berst Adams 2008

111. 《Water》by Eileen Lucas 1991

112. 《This Old Farm》by Writer Michael Dregni 2013

113. 《Farmer Will Allen and the Growing Table》by Jacqueline Briggs Martin 2014

114. 《The Good Rain》by Goudey, Alce E. 1950

115. 《The Shell Country Alphabet》by Geoffrey Grigson 2009

116. 《Handicapped at Home》by Quick FOX 1977

117. 《Farmers' Market Favorites》by Gooseberry Patch 2010

118. 《Healing Rage》by Ruth King 2008

119. 《Feng Shui Before & After》by Stephen Skinner 2001

120. 《Surprising Sharks》by Nicola Davies 2003

121. 《The Medieval Village》by G.G.Coulton 2010

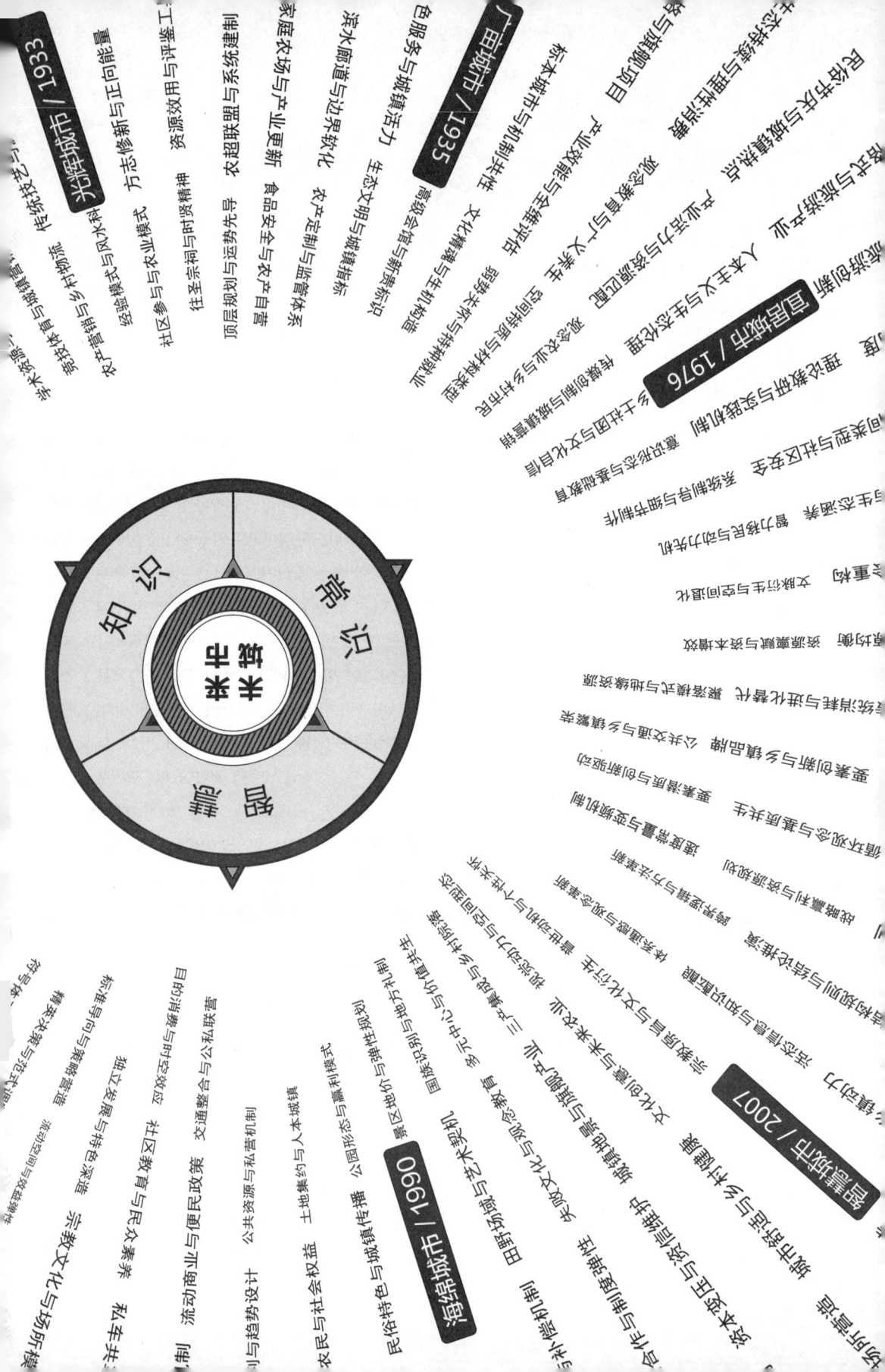